# 从规制到规制法：理论与实践

张 力 著

**图书在版编目(CIP)数据**

从规制到规制法：理论与实践/张力著．—北京：首都师范大学出版社，2022.8

ISBN 978-7-5656-7136-4

Ⅰ. ①从… Ⅱ. ①张… Ⅲ. ①行政法—研究—中国 Ⅳ. ①D922.104

中国版本图书馆 CIP 数据核字(2022)第 150340 号

CONG GUIZHI DAO GUIZHIFA LILUN YU SHIJIAN

**从规制到规制法：理论与实践**

张　力　著

---

责任编辑　刘人滋

首都师范大学出版社出版发行

地　址　北京西三环北路 105 号

邮　编　100048

电　话　68418523(总编室)　68982468(发行部)

网　址　http：//cnupn.cnu.edu.cn

印　刷　北京印刷集团有限责任公司

经　销　全国新华书店

版　次　2022 年 8 月第 1 版

印　次　2022 年 8 月第 1 次印刷

开　本　710mm×1000mm　1/16

印　张　9

字　数　141 千

定　价　89.00 元

---

# 目　录

# 绪论　规制法的方法论

## 一、规制的不同语态

规制在英文语境中被称为 regulation，在最宽泛的意义上，用于描述政府的各项活动，这些活动既包括政府内的规制活动，也包括政府对外实施的各项活动。前者可以指向特定政府部门对其下属机构及其工作人员的控制，如在国家层面，中央行政机关对内设机构及其工作人员的管理和控制，以提升其行政效率，确保其责任得到实现，克制低效乃至腐败；后者主要指向政府对市场、社会以及公民个人相应活动的引导、干预和限制。在中文世界中，根据学科和语境的不同，regulation 也常被翻译为监管、管制等。本书无意重新做规制理论学界以及法学界关于规制概念的词义学考察，将主要使用“规制”表述。

作为一种动态的活动，英文世界中的规制被称为 regulate。既然是动态活动，从法学研究视角来看，就需要在法律关系当中连接主体和客体两端。行政法学的传统分析方法与此有天然的契合度，在该方法论框架下，行政主体的地位取得原则上来自立法机关的授权。基于授权，行政主体通常可以基于自身单方意思表示，使公民、法人或者其他组织的权利义务产生变动。在具体情境中，这种变动是否符合立法机关的预设，由法院等特定机关根据既有的法律规范予以评价。从公民、法人或者其他组织的视角来观察，法院等法律所规定的特定机关评价过程属于一种救济过程。从行政主体的视角来观察，则是其活动在个案中是否可以合法有效地链接到立法机关的过程。由此，行政主体与公民、法人或者其他组织成为行政法学理论研究中最重要的两个主体。

有必要专门指出，行政主体实施行政活动的相对人和其他利害关系人虽然是动态性的规制活动对象，但是，他们并非客体。根据法理学界的一般说法，法律关系客体应当具有客观性、有用性、可控性和法律性，在种类上大体分为物、人身和人格、智力成果、行为、信息五类。[①] 规制活动的客体也应在这些种类范围内，避免造成相对人和其他利害关系人身份的混淆，导致理论上异化其主体身份，实践中矮化其作用和能力。

在阐明规制世界的主体和客体后，再来看规制的修饰作用。修饰意味着属性的赋予，比如对于国家通过特定公权力机关限制公民的人身自由，可以统称为制裁。如果是行政机关作出的，前面便可以使用行政作为修饰语，此时，相关制裁属于行政制裁；如果是由司法机关作出的，则用刑事作为修饰语，对应的制裁自然为刑事制裁。不管是哪种制裁，其外在表现形式其实是相同的，都表现为特定公民人身自由被限制了。作为形容词，规制一词还可以被用作修饰语，赋予公权力机关的某些活动规制属性。若用英文表示该形态中的规制，通常使用的是 regulatory，在行政机关前面加上规制作为修饰语，意味着某些行政机关被赋予了规制属性。由此可以将这些机关称之为规制机关(regulatory agency)，以美国法为例，在规制世界里，规制机关有着不同于普通行政机关的含义，除了行政权，它们还具有准立法权、准司法权，并具有一定的独立性，以其专业性相对独立于总统和国会。在特定行政活动(administrative action)前增加规制作为前缀，则可能意味着此类行政活动的属性乃至本义也将发生变化，如行政机关对公民私人财产的征收活动(taking)，本义是政府对公民私人财产的物理性剥夺，若加上规制作为修饰，则属于规制性征收(regulatory taking)，意指政府虽然没有剥夺公民对私人财产的占有，但却约束其财产权权能，如约束其使用等，实质上达到了物理性剥夺的效果。

纵观规制理论的研究文献，作为名词的规制(regulation)吸引了学界相当多的注意力。英国学者罗伯特·鲍德温等人编写的《牛津规制手册》对规制的概念及其内涵进行了文献梳理和观点总结，[②] 国内亦有一些学者结合我国情况，对规制的语义内涵进行了理论分析，如马英娟教授时间跨度长达十三年的两篇文章，以对监管(规制)的语义分析为主题，作出了非常充

① 张文显主编：《法理学(第五版)》，北京：高等教育出版社、北京大学出版社，2018 年版，第 157—159 页。

② [英]罗伯特·鲍德温、马丁·凯夫、马丁·洛奇编：《牛津规制手册》，宋华琳、李鸻、安永康、卢超译，上海：上海三联书店，2017 年版，第 3—13 页。

分的阐述。[①] 不过，笔者在本书中主要关注的是发挥修饰作用的“规制”，因为它能使行政机关的行政活动发生某种化学反应，同时督促法律系统必须予以回应。譬如行政处罚中的吊销许可证，它是一种常见的惩戒措施，是对违法行为人特定资格的剥夺。若放在规制语境中，吊销许可证首先会被“工具化”，即被视作一种规制工具，由规制部门视情况使用，来处理越过市场、社会生活边界的行为人的违法行为，进而失序矫正。同时，规制部门会以此再次重申政府与市场、社会之间的法定界线。随后，吊销许可证会被置于政府对经济、社会等事务较强干预的谱系一端，为何采用该种规制措施、该规制措施是否真的可以达到规制设计者的目的等问题，将成为讨论的焦点，并可能引发法律规范的调整和变化。

## 二、命题的提出：规制活动的合法性评价

德国社会学家卢曼提出，现代社会内部存在政治、经济、科学等多个子系统，每个子系统都有属于自身的“代码”和“程式”，“代码”使单个子系统能够成为封闭的系统，将自己与外在环境隔离开来，合法与非法就是法律子系统的“代码”。[②] 以该观点为前提，笔者将尝试提出“从规制到规制法”的命题，该命题假设，规制与规制法是两个甚至多个不同的子系统，后者具有独立性，但二者彼此又有着持续的影响甚至是依赖。规制理论若仅仅观察分析规制部门的规制活动，固然能维持特定系统的封闭性，但却是过于僵化的，规制工具的有效性若欠缺合法性的评价，最终连有效性也难以持续。有效的规制理论同时需要一种独立的法理论，需要寻找到一种合法性评价的方法论。该方法论以合法与非法为“代码”，可以保持自身的封闭性，但同时又需要“条件程式”，为规制活动的合法与非法提供评价标准，即“根据程式采取的行动就是正确的行动”。[③] 因此，每一项规制措施都因规制属性的存在，而需要被区别评价，进而形成专属自身的规范。要顺利完成该命题假设的论证，一是得论证对规制活动的合法性评价是必须

① 马英娟：《监管的语义辨析》，《法学杂志》，2005 年第 5 期，第 111—114 页；马英娟：《监管的概念：国际视野与中国话语》，《浙江学刊》，2018 年第 4 期，第 49—62 页。

② [德]尼可拉斯·鲁曼：《社会中的法》，李君韬译，台北：五南图书出版公司，2009 年版，第 66 页。

③ [德]尼克拉斯·卢曼：《法社会学》，宾凯、赵春燕译，上海：上海世纪出版集团，2013 年版，第 124 页。

的，而非可选择的，二是得论证这种合法性评价是可行的，能对接权利、责任等法学基本范畴。

在规制理论框架中，基于下列三个原因，规制活动理应接受合法性评价的检验。首先，规制理论关注规制主体的各类可能性，除常见和必不可少的公权力机关外，还有包括规制对象的许多主体，在元规制、自我规制、合作规制的模型中，规制对象也有可能成为规制主体，构成多元规制网络中的一元。这些主体的权责均需要在法律规范的系统中得到定位，否则规制实践中将充满冲突和混乱。

其次，众多规制工具需要借助合法性链条连接具体法律规范。规制工具的真正成形是在法律规范之中，后者塑造了前者，而非对前者的事后确认。譬如2021年7月修订的《医疗器械监督管理条例》对医疗器械产品设计了两种规制工具，对风险较低的第一类医疗器械实行产品备案管理，对风险较高的第二类、第三类医疗器械实行产品注册管理，该条例同时规定，在特定情况下，相关医疗器械产品会被注销注册证或取消备案，“被注销医疗器械注册证或者取消备案的医疗器械不得继续生产、进口、经营、使用”。[①] 那么，如何理解备案与注册的区别？如何理解二者与许可的区别？如何理解注销、取消与其他效力废止工具的区别？要回答这些问题并进而

① 《医疗器械监督管理条例》第十三条　第一类医疗器械实行产品备案管理，第二类、第三类医疗器械实行产品注册管理。

医疗器械注册人、备案人应当加强医疗器械全生命周期质量管理，对研制、生产、经营、使用全过程中医疗器械的安全性、有效性依法承担责任。

第六十六条　有下列情形之一的，医疗器械注册人、备案人应当主动开展已上市医疗器械再评价：

（一）根据科学研究的发展，对医疗器械的安全、有效有认识上的改变；

（二）医疗器械不良事件监测、评估结果表明医疗器械可能存在缺陷；

（三）国务院药品监督管理部门规定的其他情形。

医疗器械注册人、备案人应当根据再评价结果，采取相应控制措施，对已上市医疗器械进行改进，并按照规定进行注册变更或者备案变更。再评价结果表明已上市医疗器械不能保证安全、有效的，医疗器械注册人、备案人应当主动申请注销医疗器械注册证或者取消备案；医疗器械注册人、备案人未申请注销医疗器械注册证或者取消备案的，由负责药品监督管理的部门注销医疗器械注册证或者取消备案。

省级以上人民政府药品监督管理部门根据医疗器械不良事件监测、评估等情况，对已上市医疗器械开展再评价。再评价结果表明已上市医疗器械不能保证安全、有效的，应当注销医疗器械注册证或者取消备案。

负责药品监督管理的部门应当向社会及时公布注销医疗器械注册证和取消备案情况。被注销医疗器械注册证或者取消备案的医疗器械不得继续生产、进口、经营、使用。

把握作为规制工具的备案或注册，显然不能离开《医疗器械监督管理条例》以及相关法律规范的规定。正是这些法律规范塑造了备案与注册，明确了其内部结构和外部适用条件。

最后，规制理论通常还会关注规制措施的遵从度，即规制对象是否以及在何种程度上遵守了既定规制措施，从而帮助实现预定的规制目标。这本质上是一个执法和守法问题，离开了合法性评价这个尺度，就难以评判对规制的遵从度。当遵从度降低、目标实现遭遇困难时，也难以思考矫治方法。

那么，如何将规制理论内含的合法性评价以系统性方式彰显出来，确立专门的规制法分析框架呢？美国学者约瑟夫·P. 托梅恩、西德尼·A. 夏皮罗曾提出"行政法学的终结"命题，其理由是传统行政法学仅仅关注行政程序法和司法审查，视野过于狭隘，无法帮助分析政府规制政策和规制技术。据此，他们提出了规制分析的逻辑路径，具体分为四步：第一步是市场分析，即市场是否会产生与经济或其他社会价值不一致的结果；第二步是政策争点，何种规制方法(制度和工具)会产生更为一致的市场和社会结果；第三步是对策，即何种规制方法正在被使用；最后一步是系数，也就是评估其他各种规制方法的效果和可行性。[①] 两位研究者是以美国法的案例分析法作为参照对比的，案例分析法的特点是在个案场景中去筛选实施、识别争议、寻找法律规范，由此认为大量抽象场景中的政府规制活动难以被案例分析法所囊括，进而认为传统行政法学已经终结。这种观点有其合理之处，因为传统行政法学的方法论更为关注行政决定的合法性评判，对于为何设计此类行政决定(如前述为何对第一类医疗器械产品采用备案管理)、作出此类决定的程序可以如何设计、此类行政决定是否能够更好地满足立法目标、其他行政决定是否更为适合等，则缺少分析思路和框架。但是，这毕竟是以美国法为分析语境，因而忽略了比较法上的其他理论知识资源。即便是在美国法中，规制理论也并非处于与法律隔绝的真空中，不少权威教科书也会将"行政法与规制政策"(Administrative Law and Regulatory Policy)作为标题，[②] 这表明，行政法学依然有可能为规制

---

① 约瑟夫·P. 托梅恩、西德尼·A. 夏皮罗：《分析政府规制》，苏苗罕译，方流芳主编：《法大评论(第三卷)》，中国政法大学出版社，2004 年版，第 245 页。

② 史蒂芬·布雷耶、理查德·斯图尔特等人撰写的教科书"Administrative Law and Regulatory Policy：Problems，Text，and Cases"。

理论提供方法论支持，塑造新的规制法方法论。

## 三、规制法的四步分析方法

若以前面托梅恩和夏皮罗的“规制分析四步法”为底版，以各类规制为调整对象的规制法分析方法，同样可以分为四步：

第一步是权益，以规制活动指向的利益作为分析对象，即规制部门有权采取的规制活动（制度和工具），是为了满足公共利益的需要，还是维护个人的权利。如果是前者，何种公共利益遭到了破坏，具体表现为何种形式，如自然资源被盗取、公共秩序受损等；如果是后者，何种个人权利受到侵害，侵权主体是私人还是公权力机关。至于规制活动是发生在经济领域还是社会领域，这并非首要关注的问题。

第二步是义务，即规制部门的规制活动是否满足了宪法法律设定的国家义务。宪法法律设定的国家义务是抽象的，需要在单行法律法规乃至规章中被具体化。国家义务主要来自宪法所规定的公民权利，也可能来自国家目的，它构成了发动规制的初始动力。因此，在识别和厘清国家义务内涵后，需要在具体规制场景中观察分析规制活动（制度和工具）。并非所有规制活动（制度和工具）都能满足相应国家义务的要求，立法机关和规制部门应当丰富规制“工具箱”，选择实施合乎相应国家义务要求的规制活动，影响规制活动内容，如规制工具选择的，不是经济、社会领域中的具体问题，比如污染物排放过量、特定类型劳动者职业病患病率上升等，而是与之相关的国家义务是否得到履行。

第三步是条件，即规制部门正在实施的规制活动是否已被既有法律规范吸纳。相关规制制度和工具在既有法律规范中是否能找到完整的对应规定，在这里，有三点需要展开的问题。

一是不同制度和工具对法律规范吸纳与否的需求是不同的，这取决于特定国家的公法秩序，如补贴等经济激励型规制制度和工具对法律规范吸纳的需求便较低，表现为传统行政法上的法律保留原则对其约束程度较低。而许可等命令—控制型规制制度和工具对此的需求便较高，因此，规制部门也更需要找寻完整的规范支撑。

二是需要比较不同法律规范的要求，特定规制活动被甲法律规范吸纳且界定了内涵，不等于必然可以脱离乙法律规范的约束，其内涵在乙法律规范处可能会发生变化。譬如，2017 年 12 月施行的《中医诊所备案管理暂行办法》对于举办中医诊所规定了备案制度，但又同时规定未经备案擅自执业拒不改正的，将被责令停止执业。[①] 从 2019 年 4 月修订的《中华人民共和国行政许可法》（以下简称《行政许可法》）有关行政许可的规定来看，该备案制度几近行政许可。因此，规制部门对中医诊所采取的规制措施是否真的为备案工具，需要在相关法律规范的比较中考察分析。

三是需要拆解分析规制部门实施规制活动是否与既定法律规范所规定的适用条件相符合。需要注意的是，这三点问题的展开有时会呈现出交织状态，在判断特定规制活动是否符合法定适用条件时，可能会涉及系争规制活动到底属于何种规制工具，应该以哪个法律规范为准据。譬如，根据中国证监会 2010 年 10 月制定的《发布证券研究报告暂行规定》第二十二条规定，证券公司等有关主体违反相应法律规范的，主管机关可以“采取责令改正、监管谈话、出具警示函、责令增加内部合规检查次数并提交合规检查报告、责令暂停发布证券研究报告、责令处分有关人员等监管措施”，情节严重的，可以依法作出行政处罚。从该暂行规定来看，“责令暂停发布证券研究报告”属于监管措施，不属于行政处罚，但是，如果再来看 2021 年 1 月修订版《中华人民共和国行政处罚法》（以下简称《行政处罚法》）有关行政处罚概念和种类的规定，“责令暂停发布证券研究报告”则更像是行政处罚，因此应当遵循《行政处罚法》有关实施处罚的条件规定。

第四步是比较，即根据一定的标准对不同规制活动（制度和工具）进行比较，一方面，可以将现有的规制活动与其他可能采用的规制活动相比，另一方面，可以将立法机关授权规制部门采用的规制活动相互比较，以确定何者更加具有可行性，更能够实现设定的规制目标。所谓“一定的标准”，包括法律规则和法律原则，后者的典型代表为比例原则，比例原则既可以用于评判个案中对规制工具的选择，也可以用于抽象层面的规制制度设计。2020 年 1 月起施行的《优化营商环境条例》第五十五条规定，要“对新技术、新产业、新业态、新模式等实行包容审慎监管”，包容审慎便是比例原则用于规制制度设计的一种思路体现。

---

① 2017 年 12 月施行的《中医诊所备案管理暂行办法》第二十条　违反本办法规定，未经县级中医药主管部门备案擅自执业的，由县级中医药主管部门责令改正，没收违法所得，并处三万元以下罚款，向社会公告相关信息；拒不改正的，责令其停止执业活动，其直接责任人员自处罚决定作出之日起五年内不得从事中医药相关活动。

此外，以既定的规制目标为导向，不同的规制程序也存在被比较的必要性和可行性。譬如，若以《行政许可法》第十三条所蕴含的辅助性原则为导向，规制部门不应轻易采用许可工具，应对规制对象的自主能力抱持一定信心。即便采用许可工具，也应当考虑选择对规制对象影响较轻的许可实施程序。告知承诺制便是影响较轻的许可实施程序，[①] 规制部门在规制制度设计上提供了新的选择。不过，在具体规制情境中，是否选择该规制程序，还需要根据规制对象的具体情况而定。《国务院办公厅关于全面推行证明事项和涉企经营许可事项告知承诺制的指导意见》(国办发〔2020〕42号)便明确规定，“申请人有较严重的不良信用记录或者存在曾作出虚假承诺等情形的，在信用修复前不适用告知承诺制。”可见，规制程序也存在工具化的可能性，并被置于相关法律规范中予以评价。

## 四、本书的结构

上述四步规制法的分析方法构成了本书提出的规制法方法论，其目的是尝试将规制理论与法理论相结合，将规制活动与法学中的权利、义务规范相关联。基于规制法的方法论，本书分为五章：

第一章是对规制模式变迁的简单梳理，在梳理分析命令—控制模式演进到经济激励模式的基础上，指出当下规制实践中助推模式的兴起。助推模式是借助行为科学理论的规制新模式，由此给传统行政法学带来极大挑战。后者是围绕行政行为的效力构筑自己的方法论，以权利义务关系变动为分析起点。助推模式基本抛开了传统行政法学有关效力的规则设计，要确保此类规制活动依然在法治约束之下，是规制法证成自身方法论价值的一大挑战。

第二章意在通过指出和破解规制实践中的许可依赖来说明规制工具试验的理论和实践价值。通过我国近十年来先证后核的规制实践，可以清楚地展示新规制工具是如何出现并在既定的法律规范框架寻求自身的属性定位。许可依赖在从计划经济向市场经济转型的特定阶段是难以避免，甚至是必需的，但是，随着经济、社会事务的复杂化，随着规制部门整体规制

① 2018年5月施行的《上海市行政审批告知承诺管理办法》第二条对告知承诺制度的界定具有代表性，根据该条规定，所谓告知承诺，是指公民、法人和其他组织提出行政审批申请，行政审批机关一次性告知其审批条件和需要提交的材料，申请人以书面形式承诺其符合审批条件，由行政审批机关作出行政审批决定的方式。

能力的提升，许可依赖会限制规制理论的想象力，也会使规制法的方法论变得色调单一，即只看到许可工具的存在。先证后核的“工具化”在方法论上提供了一种新的启发，规制法可以为此类“工具化”提供规范依据。

第三章主要借助美国行政法上的协商式规制制度来讨论规制权限的分配，由此指出规制权限分配问题不但指向立法机关与规制部门之间的关系，或是规制部门相互之间的关系，而且具有一种新的可能，即规制部门与规制对象的权限分配。在这里，二者都可以成为规制主体。规制法从程序上为规制对象进入规制过程提供参与渠道，这种参与可以被法律规范构筑成协商，赋予参与者一定的规制权限。程序性权利不足以完全解释协商式规制，后者更近似于对规制对象非正式权力的承认，这对于包括我国在内的各国规制实践都具有启发价值。

第四章主要从专业理性和公众诉求在规制理论和实践中的冲突出发，尝试指出规制程序开放固然是包括参与权在内的程序性权利发展使然，但是，开放同样有可能带来专家意见和不同群体利益的激烈冲突，形成互不信任的局面，造成规制程序开放的重大负担。对此，需要通过完善信息传递机制、建立权力共享机制和探索程序交叉机制予以缓解。

第五章以婴幼儿照护服务领域为具体范例，根据规制立法的分析思路，尝试全面地展示规制法的方法论。通过依序界定规制法的规范对象、规制目标、规制实践中的问题，进而确立包括规制依据、权责配置、规制规则和规制工具箱在内的规制立法内容。

最后是结论，指出从规制到规制法的基本目标是确定规制法的独特分析方法，不能停留在规制理论中的“法律要素和场景”，要塑造规制法的理论模型，应当接入传统行政法学、积极评价规制实践，并在具体领域中检验。

# 第一章　从规制到新规制：助推模式的兴起

随着政府和市场力量事实上的同时强化，经历命令—控制模式向激励模式转变的规制理论再次遇到市场失灵和规制失灵的难题。激励模式与去规制理念紧密相连，它以"理性经济人"为预设，尝试用经济动机指引规制对象的行为选择，从而实现规制目标。但是，由于该预设本身的缺陷，以行为科学为基础的助推机制（nudge）应运而生。基于无强制而强干预的特质和独特的运作机理，助推机制与此前模式下的规制手段迥然有别，其有效性也不依赖于传统的行政效力，而是依赖于一个双层结构。据此，助推的兴起预示着新规制模式的到来。更加值得注意的是，助推的出现同时也是一种隐喻，隐喻着规制实践是没有尽头的，规制模式的发展也充满着各种可能。这对行政法治来说不啻一种巨大烦恼，行政法治追求安定性，希望将所有的规制活动都归类、定型，将行政机关的各种活动都纳入法律规范可以予以评价的轨道之内。然而，开放的规制实践和新模式并不按照行政法治的既有规范前进，助推机制等新规制模式给行政法的理论发展和实践回应带来了双重挑战，这也构成规制法的方法论要回答的第一个问题。

## 一、两种规制模式的局限

### （一）规制现象与命令—控制模式

规制理论是一个跨学科的问题，它发端于经济学，以政府和市场的二元区分为标准前提，探讨政府对市场的介入机制。由于政府和市场的二元区分本身在理论上具有拟制性，在不同阶段的实践中又存在程度之别，因此，要对规制现象进行追根溯源是一件极为困难的事情。以美国为例，现有许多文献将 1887 年州际商业委员会的成立作为规制形成的一个标志，但若以政府对市场的介入为规制的观察对象，我们可以在此之前找到不少成熟的规制现象，如针对蒸汽船运营安全的联邦检查员监督委员会的制度实践作为佐证。[①] 英国学者安东尼·奥格斯也曾指出，现代规制法律的起源要远早于十九世纪，英国的规制实践可以上溯到源于十五世纪的都铎和斯图亚特王朝时期，彼时已经以王朝的共同利益为名对产业和贸易施加了严密的法律控制。[②]

规制现象源头的难以考据性并不影响其理论形成和扩展，如今，伴随着市场和政府力量的双重强化，规制理论已经从经济学领域发展到政治学、行政学乃至法学领域。在法学，尤其是行政法学领域，规制理论正在迅速侵蚀传统行政法学以行政诉讼和简单的行政程序为中心的研究方法，迫使其开始关注行政活动的实质内容，关注对此类实质内容的评价方法。因此，如果说规制理论侵蚀之前的行政法学发展轴心是行政活动的“型式化”，[③] 那么，身处规制理论冲击下的行政法学更像是以“去型式化”为发展轴心，主张将研究目光重新投向多样化的行政活动本身。其中，政府对市场主体活动的干预显然是最值得关注的焦点之一。

作为对政府介入市场机制的一种描述方式，规制理论包含对多种规制手段的界定和评价。研究者通常把前期产生并延续至今的手段统称为命令—控制模式，而把强制色彩较弱、成形于二十世纪七十年代的一系列措施放到激励模式的框架中。就命令—控制模式而论，不同学者的描述略有不同，美国学者肯尼斯·沃伦认为包括四种常用的方法，即许可证、比例设定和价格控制、确立并实施公共利益标准、行政处罚。[④] 美国联邦最高法院原大法官、哈佛大学法学院教授史蒂芬·布雷耶则认为包括服务成本费率制定、价格规制、基于公共利益标准的配置、标准制定、基于历史的配置与个别审查。[⑤] 这些规制手段的共同特征是强制色彩浓厚，政府要求规制对象服从自己的意愿，或是其权利状态受到自己所设置的规制体系约束，若逾越便将遭到不利后果。

---

① ［美］杰瑞·马肖：《创设行政宪制：被遗忘的美国行政法百年史》，宋华琳、张力译，北京：中国政法大学出版社，2016 年版，第 197—221 页。

② ［英］安东尼·奥格斯：《规制：法律形式与经济学理论》，骆梅英译，北京：中国人民大学出版社，2008 年版，第 6—7 页。

③ 赵宏：《法律关系取代行政行为的可能与困局》，《法学家》，2015 年第 3 期，第 33—35 页。

④ ［美］肯尼斯·F. 沃伦：《政治体制中的行政法（第三版）》，王丛虎等译，北京：中国人民大学出版社，2005 年版，第 35—37 页。

⑤ ［美］史蒂芬·布雷耶：《规制及其改革》，李洪雷等译，北京：北京大学出版社，2008 年版，第 55—229 页。

随着政府规制活动的日趋活跃，人们对其正当化基础即“市场失灵”的担忧逐渐转变为对“规制失灵”的忧虑，由此引发“去规制”(deregulation)的浪潮。该浪潮从其生发至今已近半个世纪，如今回顾，“去规制”的理念核心并非放弃政府规制，而是反思命令—控制模式的不足。换言之，“去规制”消解的并非政府规制本身，而是传统规制手段。在一些研究者看来，作为最为传统的规制手段，命令—控制模式具有强制性、不可变通性、严格的法律责任、集中化等特征。强制性是指规制对象必须遵循已经设置好的规制结构，缺乏退出权，不能选择拒绝接受相应的规制结构而合法地开展活动。前面沃伦提到的许可证、行政处罚明显具有强制性，被处罚后，规制对象应根据处罚内容履行其义务，如缴纳罚款等。在许可证制度中，是否申请许可证固然是规制对象的自主选择事项，但是，其不能拒绝接受既有许可证制度的安排，在没有许可证的情况下，须实施相应的行为，否则将面临后续的制裁惩戒。

不可变通性通常指命令—控制模式的规制措施是刚性的，不存在规制部门与规制对象讨价还价的空间。这也符合人们对政府规制的典型想象，即行政机关根据立法机关制定的法律规范授权，以公共利益为目标，严格依法行使手中的权力。如果各项规制措施存在可变通性，就意味着公共利益将会落空。诚然，规制部门在实施规制活动时具有一定的裁量权，立法机关在授权时也会根据实际情况的需要授予裁量权。现代法治并不会将裁量权的存在视作其绝对对立面，即“每一个政府都是兼有法治和人治”。[①] 2007 年 1 月施行的《中华人民共和国银行业监督管理法》第三十七条规定，银行业金融机构违反审慎经营规则的，主管部门应当责令限期改正。逾期未改正的，或者其行为严重危及该银行业金融机构的稳健运行、损害存款人和其他客户合法权益的，主管部门可以区别情形，采取包括责令暂停部分业务、停止批准开办新业务、限制分配红利和其他收入、限制资产转让、责令控股股东转让股权或者限制有关股东的权利、责令调整董事、高级管理人员或者限制其权利、停止批准增设分支机构在内的各项措施。在这里，规制部门可以根据规制对象实际情况的不同，选择采取其中一项或多项规制措施。但是其行使裁量权，应当以规制对象违反审慎经营规则且

---

① ［美］肯尼斯·卡尔普·戴维斯：《裁量正义——一项初步的研究》，毕洪海译，北京：商务印书馆，2009 年版，第 17 页。

“逾期未改正的，或者其行为严重危及该银行业金融机构的稳健运行、损害存款人和其他客户合法权益”作为规范边界，不能自行变通法定要件，或是选择前述规定措施以外的其他手段，曲解立法机关的本意。

严格的法律责任意味着倘若规制对象不遵循既有的规制结构，规制部门可以追究相应的责任，即通过可见的法律责任来促使乃至迫使其服从规制结构设定的相关目标。其基本原理是，规制对象在充分获知既有规制结构各项信息的情况下，会因为厌恶、害怕对应的法律责任，而调整自己的行为，努力遵循规制部门的具体要求。在大量的规制法律制度设计中，法律责任都是不可或缺的部分。以规制色彩较为浓厚和典型的环境规制领域为例，2017 年 6 月修订的《中华人民共和国水污染防治法》在第一条设定了立法目的，即“保护和改善环境，防治水污染，保护水生态，保障饮用水安全，维护公众健康，推进生态文明建设，促进经济社会可持续发展”，其第七章为“法律责任”，合计 22 条，占据五分之一的篇幅。其中，第八十三条规定，“违反本法规定，有下列行为之一的，由县级以上人民政府环境保护主管部门责令改正或者责令限制生产、停产整治，并处十万元以上一百万元以下的罚款；情节严重的，报经有批准权的人民政府批准，责令停业、关闭：(一)未依法取得排污许可证排放水污染物的；(二)超过水污染物排放标准或者超过重点水污染物排放总量控制指标排放水污染物的；(三)利用渗井、渗坑、裂隙、溶洞，私设暗管，篡改、伪造监测数据，或者不正常运行水污染防治设施等逃避监管的方式排放水污染物的；(四)未按照规定进行预处理，向污水集中处理设施排放不符合处理工艺要求的工业废水的。”通过罚款和责令停业、关闭的处罚设置，规制结构的设计者希望规制对象能避免出现无排污许可证却排放水污染物等行为，实现保护和改善环境、防治水污染等规制目标。

集中化也是命令—控制模式的重要特征，即规制活动的实施者主要是行政机关，行政机关基于特定的法律规范、技术标准要求规制对象统一遵循。有研究者在指出多数观点认为基于统一技术标准的规制属于命令—控制模式的同时，提出通过绩效标准和工作实践标准也是传统规制的表现，如要求特定的规制对象污染减排数额不能超过配额。[①] 无论是基于技术标

---

① [英]罗伯特·鲍德温、马丁·凯夫、马丁·洛奇编：《牛津规制手册》，宋华琳、李鸻、安永康、卢超译，上海：上海三联书店，2017 年版，第 228—229 页。

准还是基于绩效或工作实践标准，它们都具有统一化的内在逻辑，都表现为命令、控制权限集中在行政机关手中，并要求规制对象遵循其依法设置的标准，规范的权威来源具有集中化特点，规制对象并无其他可以选择的行为标准。

二十世纪中叶以来，在更为复杂的经济、社会和政治环境中，传统的命令—控制模式渐渐无法应对一些新出现的问题，效率低、非理性、规制俘获、遵从成本高等渐渐成为人们指摘该规制模式的事由，有关"规制失灵"的讨论也越来越多。在此背景下，规制的激励模式便应运而生。

**(二)激励模式**

在规制研究领域，研究者们对激励模式已多有论述。根据其中一个较为全面的观点，激励模式是"支持灵活、市场导向的、以激励为基础的和权力下放的规制策略。"该策略关注目标而非手段，侧重绩效标准，其规制手段包括信息披露、特定税费、权利交易等。[①] 需要说明的是，激励模式关注的绩效标准主要是指整体的绩效标准，如特定区域内的污染物排放总额，而非为每个规制对象设置绩效标准，后者是命令—控制模式的表现。人们一般认为，与命令—控制模式相比，该模式能够取得更为全面的规制效果，而且对规制对象的影响较小，尤其是在环境保护、职业安全保障等领域，激励模式既可以较好地保护市场主体的创造活力，又可以通过排污权交易等经济手段的调节实现规制目标，同时还能够最大限度地降低执法成本。有学者曾专门统计过"激励"或"激励措施"在主要报刊上出现的次数，发现二十世纪八十年代出现了48次，九十年代出现了449次，到二十一世纪头十年出现了6159次，2010至2011年短短一年多就出现5885次。[②]

基于其灵活性和非强制的特征，激励模式成为"去规制"浪潮中主要的规制手段，并与控制—命令模式一道成为当下规制理论研究的重点。但是，激励模式同样存在不少局限。首先，该模式以经济动力为前提，预设规制对象是亚当·斯密所说的"理性经济人"，会选择对自己最为有利的活动，但在实践中，规制对象实际上常常只拥有不完全理性，如在信息披露

① [美]凯斯·R. 桑斯坦：《权利革命之后：重塑规制国》，钟瑞华译，北京：中国人民大学出版社，2008年版，第123页。

② [美]迈克尔·桑德尔：《金钱不能买什么——金钱与公正的正面交锋》，邓正来译，北京：中信出版社，2012年版，第89页。

中，即便其掌握和理解完整信息，也未必能够作出正确的选择。其次，该模式并没有预设必然要减少规制对象的负外部性行为，如在排污问题上，激励模式主张在总量设定之后，规制对象仍可以自行决定排污水平，这对于大型企业较为有利，其依然可以通过其他手段和利润填补在排污交易方面的成本支出，甚至可以将排污权作为自身行为正当化理由。再次，激励模式同样需要政府的控制和执行手段，信息披露、权利交易、特定税费等内容的实现，依然需要政府在其中以保姆形象扮演执法者角色，否则，所有与之相关的规制手段都将沦为空谈。[①] 这意味着激励模式不能完全摆脱强制手段，与强制相伴的执法成本依然存在。最后，激励模式隐含对政府统一规划的反对，更强调市场主体基于经济利益的判断和决策，但规制本就是针对市场失灵而形成的，引发市场失灵的因素同样可能诱发激励模式下市场主体的错误行为，将实现规制目标的重任从政府转移到规制对象身上，难以成为各个领域通用的有效模式。

有鉴于此，当激励模式形成、发展近半个世纪之后，助推理论在规制问题的讨论中逐渐兴起。

## 二、助推理论的出现

助推(nudge)是规制领域的一个新现象，经济学家理查德·泰勒和法学家桑斯坦在其2008年的合著中，对助推有一个较为凝练的界定：所谓助推，是指一种不构成行为强制的选择框架(choice architecture)，政府通过行为预测介入人们的行为选择，且人们可以很容易地对该介入进行规避。[②] 典型的助推如政府在给申请者颁发驾照时，设定自愿捐赠器官的默认规则，若申请者没有表示退出，则自动成为器官捐赠者。通过这种方式，政府可以提高器官捐赠者人数，以挽救更多人的生命。综观当下对助推现象的讨论，虽然常常被放在现代规制语境中进行，或至少是在涉及政府政策目标设定和手段选择二者关系领域，但也有研究者将其追溯到十八世纪普鲁士腓特烈大帝(Frederick the Great)时期，认为腓特烈大帝在采用强制命

---

① Marshall J. Breger, Richard B. Stewart, E. Donald Elliott & David Hawkins, "Providing Economic Incentives in Environmental Regulation," *Yale Journal on Regulation* 8, No. 463(1991): 469.

② [美]理查德·泰勒、卡斯·桑斯坦：《助推：如何做出有关健康、财富与幸福的最佳决策》，刘宁译，北京：中信出版集团，2015年版，第7—8页。

令推广马铃薯种植失败后，巧妙地运用了助推手段实现了推广，避免了饥荒，提高了国力；二十世纪初期，美国部分地区更是运用助推手段减少了交通事故。[①] 这些早期助推手段的使用与当代助推手段拥有一个共同的特征，即均运用了非强制的选择框架，先对人们的行为模式进行预测，并根据其可能的偏误或行为趋势设计相应的手段，来影响人们的实际行为选择。

据此可见，助推手段与行为科学之间具有密切的联系，后者并不以激励模式乃至整个传统规制模型中的“理性经济人”作为假设，相反，它是以不完全理性的“社会人”为预设的。正是因为不完全理性的存在，命令—控制模式与激励模式必然存在规制不足，而需要政府在不明显逼迫的情况下，使人们能够作出正确的决定。在这里，政府为人们保留自由选项与对作出正确决定的引导，两者共同构成助推概念的核心，也是该概念作为“反一反家长主义”“自由家长主义”理念具象化体现得到最初研究者接受的动因。[②]

进一步来看，助推的运用表明，政府正是运用惰性思维、可得性启发、禀赋效应等行为科学手段，使人们作出政府意欲的选择，进而实现政策目标。但是，概念的凝练可能意味着外延的模糊，作为手段的助推可能用于所有政府活动领域。因此，在规制语境下，首先需要明确的是助推与规制的关系，换言之，既然规制问题的讨论与“市场失灵”和“规制失灵”有关，那么，助推是否有助于解决这两种失灵，又是如何解决这两种失灵的？

在助推理论研究者看来，借助其独特的理论基础和手段体系，助推无疑可以成为政府实施规制的重要手段。究其原因，一是因为助推与命令—控制模式、激励模式一样，都属于政府对规制对象的干预，其目的都可能是为了实现防止过度竞争、控制不当利润、减少负外部性等传统经济性规制和社会性规制目标；二是助推与规制理论相同，同样建立在政府与市场分野的基础上，是政府在面对各类市场失灵时，基于规制对象行为选择可能性的理论反思和手段选择；三是正如规制通常是政府介入市场的工具

---

① David Halpern, *Inside the Nudge Unit: How Small Changes Can Make a Big Difference* (WH Allen, 2015), pp. 15—19.

② ［美］理查德·泰勒：《“错误”的行为：行为经济学关于世界的思考，从个人到商业和社会》，王晋译，北京：中信出版集团，2016 年版，第 357—359 页。

箱，该工具箱内包含多种工具，助推同样也是多种介入工具的集合，这些助推工具均可用于纠正市场失灵现象，并可用于弥补现有政府规制手段的不足。在标准状况下，政府先是需要确定规制目标，而后在助推“工具箱”中选择合适的手段。四是助推与规制理论具有内在契合性，同样离不开政府的规划设计，命令—控制模式依仗的是政府的理性，由政府为规制对象设置行为方式，虽然激励模式更多地依靠分散化规制对象的理性，但在目标设定和引导方式等问题上，仍然需要政府的规划设计。与之相同，助推手段的运用，隐含的也是对政府规划设计的信赖，而非将政府消解为私利驱动的个体，更非真正的“去规制”。

当政府在规制领域越来越多地借助助推手段来实现目标，相应的助推理论也在逐渐成形。就规制领域的助推理论研究范畴来看，有学者将其分为两个部分：其一是助推的有效性机制，即助推手段如何能够在非强制状况下影响规制对象的行为；其二是助推的正当性论证，即使用规制手段的原因、方法和情境是否合法、正当。[①] 这两部分实际上是规制问题在助推领域的投射，譬如，当人们讨论激励模式如信息披露时，必然也会涉及信息披露手段的有效性与其适用的合法性、正当性。还有学者根据规制语境中助推使用者与运用方向的不同，将规制理论区分为纯粹的公共助推(pure public nudging)与反助推(counter-nudging)。前者是指政府利用或纠正规制对象的认知偏差，帮助其作出更好决策；后者是指在某些市场主体利用交易对象认知偏差获得不当利益时，政府出面消除这种不当助推的影响。[②] 如航空公司在网上售票过程中为消费者预先勾选保险、捐赠支出，这必然会导致消费者增加其可能不想要的开销。政府同样运用行为科学知识，用反助推手段消除这一负面影响。

虽然行为科学的发展已有一定历史，但助推概念的形成以及在规制领域中的运用和理论生成不过就是近十年的事情。在近十年间，助推手段及其理论在规制领域渗透迅速，在环境保护、消费者保护、职业安全等多个领域都能看到其身影。在不远的过去，这些领域曾是激励模式大展身手的

---

① Riccardo Rebonato, *Taking Liberties: A Critical Examination of Libertarian Paternalism* (Palgrave Macmillan, 2012), pp. 6—7.

② Anne-Lisa Sibony & Alberto Alemanno, "The Emergence of Behavioural Policy-Making: A European Perspective," in *Nudge and the Law: A European Perspective*, ed. Alberto Alemanno & Anne-Lisa Sibony (Hart Publishing, 2015), pp. 17—18.

空间。而在不同手段新旧交替的背景下，必然要产生的问题便是，助推是否意味着规制理论的范式革新？如果说命令—控制模式和激励模式分别是第一代和第二代规制手段，并各自拥有相应的理论基础，那么，助推是前述两种模式的自然延伸，还是已然成为崭新的规制手段，并具有属于自己的规制理论，进而呼唤行政法理论与实践的回应？对此，我们有必要对助推的运作机制予以检视。

## 三、助推在规制领域的运作

在桑斯坦等人的倡导和研究推进下，助推理论正在行政法学界收获越来越多的关注，泰勒以其有关助推理论的研究获得诺贝尔经济学奖一事更是激发了包括中国在内的整个法学界对此的进一步关注。就现阶段国际层面对助推理论的研究来看，其核心焦点可以表述为这么一个问题：一种缺乏强制力的行政手段如何能成为有效的规制工具？而对该问题的回答将直接决定行政法理论与实践所面临挑战的具体样态。

### (一)无强制、强干预的特质

与命令—控制模式、激励模式相比，助推并不具有强制性，这里的强制性并非指政府不给规制对象施加负担，如在餐饮卫生等级信息公示、烟草包装等事例中，政府必然会给规制对象如餐馆、烟草公司施加张贴等级信息、印制警示信息等负担，但是，在政府眼中，此类负担本身并不足以实现规制目标。规制目标的实现真正依靠的是与规制对象从事日常交易的主体，即助推作用对象，如餐馆、烟草公司的消费者。通过对消费者行为更具引导力的等级信息、警示信息的公示，政府可以促使其选择更加卫生的餐厅或是减少烟草消费，从而实现对餐饮行业卫生的日常管理或是减少烟民数量，提高国民健康。

可见，助推的无强制性主要包括两方面的内容：一方面，它没有限制助推作用对象的选择范围，或是对其选择偏好增加负担。如等级信息、警示信息的公示并未像增加税费等激励模式那样，增加规制对象的经济支出等财产性负担，因而也不会出现成本的转嫁，更不会通过消除某种产品，如不那么卫生的餐饮环境或是烟草制品来限制助推作用对象的选择范围。毕竟，助推作用对象同样有可能愿意基于经济或其他方面的原因而选择看起来“较差”的产品。另一方面，它没有限定助推作用对象的行为自由，没有像命令—控制模式那样直接要求后者从事某种行为，如禁止购买烟草制品。

助推理论奉行的是无强制思路，这与命令—控制模式的强强制、激励模式的弱强制形成鲜明对比。然而，在强调政府对市场进行介入的规制语境中，无强制不等于无干预。实际上，由于助推直接着眼于对象行为选择背后的认知因素，是通过选择框架的设置来影响认知，进而诱使人们自愿作出行为选择，尽管不涉及强迫，但其干预程度却十分强烈。在命令—控制模式与激励模式下，干预程度与强制性是成正比的，强制愈多，则干预愈深。此时，干预是显性的，是直接针对行为的。在命令—控制模式下，政府对市场主体的干预直接表现为对其行为选择的限定，如必须或禁止从事某种行为；而在激励模式下，则表现为目标的限定，允许其自选手段实现相应目标。在助推机制中，政府虽然对行为选择和目标都未作强制限定，但尝试从根本上使相应对象自愿采取特定行为，实为隐性但强烈的干预。它不仅干预外在的行为，还试图干预人们的认知。由此在强制性和干预程度问题上，形成了表1所示，与命令—控制模式、激励模式迥然不同的特征：

**表1　三种规制模式的强制性和干预程度**

| | 命令—控制模式 | 激励模式 | 助推机制 |
|---|---|---|---|
| 强制性 | 强 | 弱 | 无 |
| 干预程度 | 强 | 弱 | 强 |

### （二）运作基点

选择框架的设定是助推机制的运作基点，政府之所以需要设定选择框架是为了在无强制的条件下，促使对象作出相应行为，从而实现规制目标。作为助推有效运作基点的选择框架，大致包含如下几个要素。

一是目标，选择框架的设定绝非漫无目的，它必然要体现政府规制的目的。宽泛来看，在一般情况下，该目标乃是为了个人福祉；具体来说，在每一个选择框架的设计背后，一定有一个特定的目标。例如，政府承担提升国民健康的职责，它会为了国民个体的健康福祉规定某些提供高热量食品的餐饮企业标识其产品的卡路里，而为了每一个个体更好地认识和理解高热量食品的风险，进而减少消费，政府可能通过更具警示意义标识的方法来设计选择框架。在这里，宽泛的目标是饮食健康方面的个人福祉，具体的目标则是减少高热量食品的消费。

二是对象，即选择框架的作用范围不是漫无边际的。作为助推设计者，政府在框架设置时，需要考虑这么两个问题：第一，处于选择框架波及范围的可能群体包括哪些；第二，对选择框架较为敏感的群体又有哪些。以前述餐饮卫生等级信息公示为例，从最粗糙的视角来看，在外出就餐时会留意等级标识的消费者显然属于最核心的选择框架波及群体，他们是政府助推作用的对象。在这个群体当中，就笼统的理论而言，由于对目标餐馆的情况了解有限，外出就餐频率较少者显然更可能属于对选择框架较为敏感的人群，更可能受其影响。

三是方向，选择框架的方向决定了助推的内容，即在明确了选择框架的目标和对象之后，政府还需要决定向何处推。以助推研究者常提的年金计划为例，无论是政府辅导企业“助推”其员工选择更好年金储蓄方案，还是政府为其雇员设置年金储蓄方案的默认选项但允许退出(opt out)，这里都必然存在一个已被选定的方向。比如，选定较高储蓄率的方案甲作为默认选项，除非人们选择退出，否则该方案适用于所有未表态反对者，这就意味着相应选择框架是以方案甲为助推方向。抽离了方向，即抽掉了助推的实质内容。比较棘手的是，在设置选择框架时，应如何确定其方向？考虑到助推机制的存在是为了帮助作用对象避免认知偏差的影响。因此，一般来说，方向的确定需要以个人偏好的识别为前提，需要根据这些偏好来确定具体的方向。例如，如果人们对较高储蓄率的方案甲表现出偏好，那么，选择框架就理应以方案甲为方向，如此方能符合助推理论的内核。值得注意的是，有学者主张，如果政府对选择框架的方向在规范上持有强烈立场，如烟草包装印制醒目的警示信息，或是特定的行为选择对其他社会成员具有巨大的正外部性，如将登记捐赠作为器官捐赠的预设默认选项，那么，偏好识别的必要性就将降低。[①] 但是，偏好识别必要性的降低不等于可以将之抽离，即便是这两项例外也是在某种程度上预设了作用对象的偏好，而非由政府完全基于来自第三方的理由来设置。

**(三)运作的有效性要素**

1. 非对称性

助推机制运作的有效性是以一个有趣的概念，即规制手段的非对称性

① Jacob Goldin, “Which Way to Nudge? Uncovering Preferences in the Behavioral Age,” *The Yale Law Journal* 125, No. 226(2015): 231—232.

(asymmetry)为前提预设的。所谓非对称性，是指政府规制可以只对其中一部分受有限理性影响而作出错误决定的对象群体产生正面作用，而对其他在具体事项上拥有完整理性的对象群体几乎不产生消极负担。① 以默认规则的设置为例，政府可以借助该手段促使某些短视的人作出有利于长远未来的决定，同时也不会对坚持个人偏好的人们产生负担。这意味着助推机制并非一刀切式的规制方式，既不像命令—控制模式要求所有规制对象必须从事某种活动，也不像激励模式那样设置强烈的经济导向，而是通过形式变化来促使对象群体选择特定行为。反过来，更具有启发性的是，这也表明不同对象群体对不同形式的感知度是不相同的。据此，便为有效性要素的探讨提供了通道。

2. 有效性的实现：初级结构

如前所述，助推机制有助于政府实现其规制目标，并可以在相当程度上解决命令—控制模式和激励模式的不足，这一点已经在环境规制等领域中得到体现。但是，上述讨论尚未解决的一个问题就是：如何确保助推机制的有效性得以充分发挥？对该问题的思考可以用一个双层结构来展现，其中初级结构直接针对助推机制如何最大限度地产生实际效果，实现规制目标；次级结构则属于更深层次的作用机理，它将决定初级结构的内容。

就现有研究来看，不同学者在描述初级结构时侧重不同，解决的具体问题自然也有所不同。英国学者大卫·哈尔彭(David Halpern)将其提炼之后，综合描述为四项要素，分别是便捷性、吸引性、社会规范性和及时性。首先，便捷性意味着使作用对象很容易就可以作出符合规制目标的行为，如默认规则就是符合便捷性的典型手段，它使人们不必费时费力地采取任何行动就能以不作为的方式实现规制目标。② 在这里，便捷性的逻辑在于，如果政府希望规制对象采取某种行为，那么，便应当尽可能地使其无任何负担地从事该行为。同样以默认规则为例，其有效的原因至少有三：一是惯性，即无须规制对象太多思考；二是隐含的建议信号，规制对象可能会认为默认规则等便捷性设计体现了专业人士的正确决策；三是损

① Colin Camerer, Samuel Issacharoff, George Loewenstein, "Ted O'Donoghue and Matthew Rabin, Regulation for Conservatives: Behavioral Economics and the Case for 'Asymmetric Paternalism'", *University of Pennsylvania Law Review* 151, No. 1211(2003): 1219.

② David Halpern, *Inside the Nudge Unit: How Small Changes Can Make a Big Difference* (WH Allen, 2015), pp. 59—149.

失厌恶，使规制对象将默认规则当作参考基准。[①] 其中，前两项原因可以解释便捷性为何能够成为助推机制有效性的直接要素。

其次是吸引性，该要素与激励模式中的信息规制具有关联性。如前所述，餐饮卫生等级信息、烟草制品包装警示信息等均属于信息规制手段，该手段在政府规制活动中已经得到广泛的运用，但也出现信息过载等“过犹不及”问题。[②] 助推机制实际上是信息规制的升级版，是对其缺陷进行系统反思的结果，因此，通过对吸引性的强调，它尝试改进信息的表达方式，具体包括个性化定制、信息简化和突出、情感影响等，从而改变作用对象的认知，引导其行为。

再次是社会规范性，即通过向规制对象展示同一情景中其他人的做法，由此在某个具体问题的处理上形成社会规范，以此来促使其调整行为，确保与该社会规范相一致。在英国，与政府拥有密切联系的行为科学研究小组曾发布报告表示，作为社会性动物，人们受周围群体行为影响极深，助推机制要发挥其有效性，便需要对该社会规范要素加以利用，具体包括三种做法：向规制对象展现多数人从事了规制目标期待的行为、运用社会网络的力量、鼓励规制对象向其他人作出行为承诺。如在资源回收和节约、税款征收、器官捐赠登记、减少烟草消费等方面，实践表明，社会规范性要素有助于助推机制充分发挥其作用。[③]

最后是及时性，该要素强调政府的介入要把握时机。在具体的规制领域，所谓及时，既包括规制介入的时机要早，在规制对象行为模式形成之前，政府便采用某种方式介入，促使其形成特定的行为偏好，如为了提高小规模纳税人的纳税率，政府可以在其创建之初就辅导其建立纳税习惯；也包括在行为偏好养成之后的关键时间点介入，以改变其未来的行为，进而实现规制目标。[④] 例如，就笼统的政府活动来说，为了帮助刑满释放人员更好地回归社会，美国联邦监狱局会在释放日前一个月、前一周和当天

① [美]卡斯·桑斯坦：《选择的价值：如何做出更自由的决策》，贺京同等译，北京：中信出版集团，2017年版，第34—46页

② [美]欧姆瑞·本·沙哈尔、卡尔·E. 施奈德：《过犹不及：强制披露的失败》，陈晓芳译，北京：法律出版社，2015年版，第35—53页。

③ The Behavioural Insights Team，*EAST：Four Simple Ways to Apply Behavioural Insights*，2015，pp. 28—36.

④ David Halpern，*Inside the Nudge Unit：How Small Changes Can Make a Big Difference*（WH Allen，2015），p. 128.

这三个时间点，通过发放“回归社会手册”(re-entry handbook)的方式，提醒刑满释放人员需要做的准备措施有哪些，以帮助其及时调整行为，避免日后再次从事违法犯罪活动。对及时性要素的这一贯彻同样可以适用于政府对市场进行规制的领域，为了扶持作为小型经济体的家庭农场发展，美国联邦农业部的农场服务局通过通知函的方式为创立初期的非传统小型农业活动提供资金贷款支持。①

3. 有效性的实现：次级结构

次级结构既决定了初级结构的内容，也决定了后者所含各要素在具体规制情境中的效果。包括泰勒、桑斯坦在内的诸多助推理论研究者均把美国学者丹尼尔·卡尼曼有关行为模式的系统 1 和系统 2 作为重要的讨论前提。根据卡尼曼的阐述，系统 1 是“自主而初始的印象和感觉”，在熟悉的情境中，它的短期预测是准确的，第一反应也是迅速、恰当的，它善于将复杂问题简单化，因此也容易犯系统性错误。系统 2 则负责人们行为的自我控制，它以深思熟虑的方式进行运作，因此耗时更久，效率较低。② 前述便捷性、吸引性、社会规范性和及时性等初级结构要素正是系统 1 的运作所塑造的初步结果。需要注意的是，系统 1 无法被随意关闭停止，因此，此类初级结构要素必然会对人们的行为产生影响。这意味着，人们天然地容易只着眼于眼前的事物，并受此影响，要放眼未来则需要更多有意识的努力。有鉴于此，政府可以利用人们系统 1 中的思考惰性和有限注意力来达到规制目标，如要求企业生产小瓶装的碳酸饮料(默认规则)或是要求零售商将此类商品摆放在不显眼的位置，使消费者减少对其的消费。③ 可见，正是系统 1 和系统 2 的区分，尤其是系统 1 的无法关闭性为政府利用初级结构要素发挥助推机制的功效，进而为实现规制目标奠定了基础。

如果系统 1 在实质上决定了初级结构各要素，那么，系统 2 在这当中扮演何种角色呢？我们可以把这一问题放到助推机制的有效性语境中，将其转换为这么一个问题：通过更为透明和审慎教育的方式，是否可以使规制对象获得抵御助推的能力？对此的回答要分两个层次：在比较狭窄特定

① Social and Behavioral Sciences Team, *2016 Annual Report*, 2016, pp. 10－11.

② [美]丹尼尔·卡尼曼：《思考，快与慢》，胡晓姣等译，北京：中信出版社，2012 年版，第 4－12 页。

③ Brian Galle, “Tax, Command… or Nudge? : Evaluating the New Regulation,” *Texas Law Review* 92, No. 837(2013－2014): 857－859.

的专业层次上，确有实证分析表明，拥有专业知识和经验的人，在面对本领域内问题时，便不大可能受便捷性等要素影响，譬如，默认规则对其不起作用。[①] 据此，系统 2 似乎削弱了初级结构各要素的作用。

而在较为宽泛的全面透明和审慎教育层级上，受系统 1 的影响，系统 2 无法使规制对象普遍免受初级结构各要素的影响。相反，系统 2 实际上还将推导出，基于系统 1 的助推在个人利益保护方面占据更优地位。[②]

综上可见，就其运作的有效性而言，规制领域的助推机制是一个较为复杂的体系。它以对个人的行为观察和预测为方法论起点，通过选择框架的设置，提炼出前述初级结构的各项要素，并预设这些要素若得到充分体现，助推机制的有效性便能获得充分发挥，政府的规制目标自然也就能够得到实现。

## 四、行政法面临的双重挑战与新规制模式的到来

### (一)规制理论的渗透

行政法是关于行政的法，在某种程度上是以行政与法的关系为观察对象，而不全然拘泥于法的范畴。半个多世纪以来，规制理论对传统行政法的理论研究和实践运作均产生了相当程度的影响，主要表现在如下三个方面：

一是关注点的扩大，即从外部行政法扩大到“内部行政法”。传统行政法以行政行为(大陆法系)或是司法审查(普通法系)为核心，体系的建构是在行政活动定型之后进行的。即便是对行政活动过程的考察也主要集中在事后的回顾性审查，并将其简化为程序问题，进而细化为回避和禁止单方接触、说明理由、听证等具体程序机制设计问题。在大陆法系的语境下，对此类程序问题的讨论常常与行政行为最终效力相关联，是评判后者效力的合法性标准之一；而在普通法系的背景下，则是用权利话语完成对程序的包装，并用司法审查界定程序性权利的辐射范围，美国联邦最高法院于

---

① Åsa Löfgren, Peter Martinsson, Magnus Hennlock & Thomas Sterner, “Are experienced people affected by a pre-set default option-Results from a field experiment,” *Journal of Environmental Economics and Management* 1(2012): 69.

② Cass R. Sunstein, “People Prefer System 2 Nudges (Kind of),” *Duke Law Journal* 16, No. 121(2016): 134.

1970年裁决的戈德伯格诉凯里案(Goldberg v. Kelly)便是典型。[①] 规制理论则彻底打开了行政活动原本密闭的过程，直接讨论行政活动的必要性和工具选择问题，并且从一开始便与立法、行政机关的设置和权限等法律议题密切关联。如十九世纪末期的美国通过专门立法和建立专门的规制机关来解决垄断问题，并直接将行政效率、执行时的技术性需求、制度设计与特定规制问题的解决结合起来，同时也影响了财产权利、政治权威和利害关系方参与在行政法上的内涵界定。[②]

二是工具和方法选择的多样化。规制理论丰富了行政法的研究对象，在立法上设计了更多行政工具和方法。“为了实现特定的规制目标，在行政过程的每一个节点，都可以选择此种或彼种行政活动方式。”[③]对这些工具和方法的探索和论证成为行政法必须面对的问题。从体系形成过程来看，如果说欧美法治发达国家的传统行政法思维方式与行政诉讼的发展逻辑彼此缠绕，规制现象及其法律问题是在司法审查机制和逻辑成熟之后产生的话，那么，中国行政法理论和实践所面对的却是行政诉讼制度与规制理论的同时冲击：一方面，法院通过行政诉讼对行政机关的“司法驯化”远未完成，还需要全国人大于2014年以修订《中华人民共和国行政诉讼法》(以下简称《行政诉讼法》)的方式进一步授权，如扩大受案范围、增加对规章以下规范性文件的附带审查等，尚未发展出一套完整、有效的方法论来规范行政机关的活动；另一方面，主要是通过英文文献的引入，同时更是政府职能转变的客观要求，规制理论迅速地进入到中国行政法的理论研究和实践活动当中，对不同规制工具的分析和运用也成为当前中国行政法的一个重要组成部分。从法解释学的研究进路来看，规制理论的“法”含量似乎不高，以最常被提起的成本收益工具(方法)为例，对它的讨论常常出现在优化政府规制的语境中，将其视为促进政府理性化、透明化和自我规制科学化的手段。[④] 但是，这却是规制理论在中国行政法语境中最为常见的话语展开。

三是效力问题的淡化。作为法学研究的一部分，传统行政法不可能脱

---

① Goldberg v. Kelly, 397 U. S. 254 (1970).

② [美]马克·艾伦·艾斯纳：《规制政治的转轨(第二版)》，尹灿译，北京：中国人民大学出版社，2015年版，第1—4页。

③ 朱新力、宋华琳：《现代行政法学的建构与政府规制研究的兴起》，《法律科学》，2005年第5期，第41页。

④ 毕洪海：《作为规制决策程序的成本收益分析》，《行政法学研究》，2016年第3期，第96页。

离效力问题。因为离开对效力的讨论，法律就成为空洞的形式。这也正是传统行政法要么依托行政行为搭建体系(大陆法系)，要么难以离开行政成熟性原则基点(普通法系)的原因。然而，规制理论是目标导向的，它侧重目标的实现，手段的效力问题并非其核心预设。规制理论在与中国行政法理论和实践相遇的一开始，便向其灌输这一基本方法论，对此，有学者精道地判断，“学界更为关注如何有效实现行政任务”。[①] 也正是在这一问题关注焦点转移的预设下，前述各类规制工具和方法的分析成为主要问题对象，并为工具手段变化带来的模式更新提供了想象空间和论述可能。譬如，命令—控制模式向激励模式的发展就体现了关注点从手段的效力向目标实现的转移，而行政法需要对此予以规范和评价。

规制理论从上述三个方面向行政法的渗透无疑给其带来了不小的挑战，行政法的理论研究和实践运作很难再继续坚持一刀切式的方法，而需要针对不同的规制工具在立法上设计独特的规则，同时在行政活动过程中考虑不同工具的选择适用。对此，或许会有观点认为这属于公共政策研究领域而非法的研究范畴，但是，如果我们承认以成本收益分析方法为重要工具的法经济学论证路径属于法的研究范畴，承认其在行政执法和司法审查实践中占据一席之地的话，那么，同样借助成本收益分析方法论证公共利益、政府介入必要性以及选择工具的规制理论就必然构成行政法的一部分，进而对其侧重外部、形式和效力的传统研究范式产生挑战。

**(二)“软权力”的挑战**

规制理论给行政法理论研究和实践带来的挑战属于一种外部挑战，即给既有的行政法体系带来了新的议题，后者可能采取消极的态度拒绝正视，拒绝或是无力将其纳入自身的体系，如当前中国行政法教科书就罕有讨论规制理论，以此确保传统行政法的血统纯正性。如果说传统行政法的思维方式和逻辑体系在面对外部挑战尚可暂时采取观望回避之策的话，那么，以规制面貌出现的助推机制可谓是对当前中国行政法理论和实践的内在挑战。同时，它还借助前述规制理论的渗透，迫使行政法的理论研究和具体实践予以面对。

如前所述，助推机制不同于命令—控制模式，也不同于激励模式，它在表面上基本放弃了对规制对象权利义务关系变动的作用，放弃了强制

① 宋华琳：《论政府规制中的合作治理》，《政治与法律》，2016年第8期，第14页。

性，而是着眼于引导其作出特定行为。从这个角度来看，它类似于行政指导，但其结构的复杂程度要远甚于后者，而且在相当程度上，它的“诱导”效果又是后者所不具备的，干预的色彩更是甚于激励模式，可谓是一种基于认知调节的“软权力”。然而，在当下中国行政法的体系框架中，并无安放“软权力”的位置。论其原因，二十世纪八十年代重建法学以来，中国行政法在体系建构上受到德国式大陆法系行政法影响较大，同样是围绕行政行为建立起来的，关注的是政府对相对人权利义务关系变动的影响，即便在规制理论的框架中也是如此，助推机制及其相伴随的“软权力”难以与之对接。既然难以对接，在理论研究和实践活动中便有一种选择，即将助推手段隔绝在行政法的领地之外，只评价其中可能涉及政府强制的部分，如强制信息披露，将此类活动放到既有的规制手段讨论中；而将前述有关选择框架设定等无强制性的部分摒弃掉，彻底消除这部分助推的“法”的含量。实际上，这种分而化之的做法并不新鲜，现已废止的《最高人民法院关于执行〈中华人民共和国行政诉讼法〉若干问题的解释》第一条便将行政指导区分为有强制力和无强制力两类，前者被视作行政行为，纳入行政行为的体系，后者则被削弱了“法”的色彩，失去了在司法实践中被评价的可能性。对于这一做法，既有的观点主要是从防止行政机关故意歪曲行政指导的角度进行阐释，但或许也忽视了传统行政法维护自身体系和固有思维方式的隐蔽韧性。尽管上述条文已被 2018 年发布的《最高人民法院关于适用〈中华人民共和国行政诉讼法〉的解释》第一条取代，新条文表面上没有突出行政指导有无强制力这一问题，但通过本条第十项“对公民、法人或者其他组织权利义务不产生实际影响的行为”不属于行政诉讼受案范围的表述，强制性与实际影响相关联，其有无仍然在扮演着至关重要的作用。

然而，助推机制对行为的现实影响是真实存在的，其有效性机理也是可以论证成立的，正是这种可论证成立的有效性以及与之相关联的强干预性，给以行政行为为关键概念的中国行政法体系框架带来了内在挑战。诚如有学者所指出的那样，最高法院以及新修订的《行政诉讼法》已实质性地舍弃了行为的外在形式及其归类，“从内容是否直接设定权利义务的角度论证行为的可诉性”。[①] 无强制性的助推机制不但同样舍弃行为的外在形式

① 陈越峰：《中国行政法（释义）学的本土生成——以“行政行为”概念为中心的考察》，《清华法学》，2015 年第 1 期，第 35 页。

与归类，更是无意追求直接设定权利义务，它是在给予选择自由的前提下，期待和“诱导”特定群体自己实践政府助推的内容。考虑到助推机制在政府介入市场和社会的规制领域中具有命令—控制模式、激励模式所不具有的优势，有着宽阔的发展空间，并且在实践中也得到了不少的应用。这便迫使中国行政法必须重新思考以行政行为为关键概念的教义学体系，避免仅仅因为助推机制缺乏强制力便将其排斥于法律规范的评价，如受案范围之外，致使将拥有强干预特质的助推机制长久置于法外之地。

**(三)助推与新规制模式的到来**

上述分析表明，作为与此前模式截然不同的一种规制手段和理念，助推预示着新规制模式的到来，预示着包括中国行政法在内的整个行政法的疆域乃至规则将发生新的变动。例如，在美国法的语境中，用助推理念重新去审视烟草制品包装上的警示信息，可能会发现此类信息并非揭示客观事实的单纯信息，而是意在减少消费行为的警示。如果政府要求烟草企业印制此类信息，便是在强迫市场主体作出言不由衷的表达，属于强迫性言论，因此需要接受更为严格的审查。① 同样的信息，是用简单的信息规制视角还是用助推理念的视角去审查，或许会产生不同的结论。而对我国来说，以是否产生实际影响来确定行政诉讼受案范围的规则，则难以接纳助推对行为产生的“操纵效果”。

有鉴于此，现代行政法的研究者应当以更为开放的心态，在其本国背景中关注新规制模式的生成和助推理论的演化。在这过程中，有三点需要探讨：

其一，首要的一点便是，助推机制的运用究竟是代表着政府规制在二十一世纪的卷土重来，还是二十世纪后三十年去规制浪潮的延伸？激励模式紧扣这一浪潮，消解了政府的约束和控制，给予规制对象更多的自由空间。助推机制不具有强制性，但却体现了很强的干预程度，背后更是隐藏着深深的家长主义预设，即政府在某种程度上扮演着家长角色，诱使民众采取其意欲的行为选择。唯有在明确这一点之后，才能够确定新规制模式的走向与行政法规则的设计，也才能更好地思考助推理论与本国行政法话语的对接。

其二，有论者指出，规制意味着政府权力对人们行为的“调整”，而“调整”的意蕴十分丰富，它不仅包括法定的纵向权力运作，还包括对秩序

① Ryan Calo, “Code, Nudge, or Notice?,” *Iowa Law Review* 99, No. 773(2014): 793.

的引导和调整。[①] 作为一种“软权力”，助推如何在被涵摄到规制所言“调整”一词范畴的同时，又体现出与纵向权力型塑秩序不同的意蕴，这将是新规制模式形成过程中必须要解决的问题。毕竟，如果助推不能被涵摄到规制的“调整”语境中，那么，它将失去规制理论乃至行政法的背景支撑，沦为简单的工具技术问题；而如果它不能体现出与纵向权力型塑秩序的差异，则无法推动规制模式的革新，更无法找到与既有行政法体系的接入点。

其三，需要澄清的一点就是，就像激励模式的出现并不意味着命令—控制模式的消亡，助推的产生也不可能完全替代前两者。一方面，在信息规制等领域，助推机制只是以之前的模式为基础的改进；另一方面，虽然它在某些规制领域表现出色，但在其他规制事项上的实际效果仍有待未来研究的验证。

## 五、结语

规制理论对现有行政法理论研究和实践内容必然会产生影响，究其原因，正在于行政法是关于行政之法，而规制理论同样聚焦不同类型行政手段的法律意涵，不可避免地要把政府规制活动放到法律规范框架当中予以评价。在美国，提起行政法(administrative law)，通常指向的是原告资格、可审查性、行政决定的程序和审查标准等问题，规制法(regulatory law)一词则指向各类联邦行政机关的决定活动。[②] 在我国，规制理论已然对行政法学既有的研究思维和方式产生影响，但是否可以“进化”成为“规制法”，却未有定论。就像数十年前激励模式的出现推动规制理论发展，并影响行政法的研究范畴和规则那样，助推的出现和日益盛行也正在影响现有的规制理论，而且使既有的行政法范式面临双重挑战。裹挟着浓厚的家长主义色彩，助推机制手段上的特殊性和独特的作用机理，昭示着新规制模式的诞生，迫使行政法在可见未来需要对此作出回应。回首过去一百余年的行政法发展，如果说各类行政活动的法治化和“被驯化”是其演进的主要线索的话，那么，面对助推的兴起，行政法学的研究便不应忽视政府的实际运作，不应放任政府重新进入法治国家之前的原始森林。

---

① 郭春镇：《权力的“助推”与权利的实现》，《法学研究》，2014 年第 1 期，第 16 页。

② Richard B. Stewart, “The Judicial Performance of Robert H. Bork in Administrative and Regulatory Law,” *Cardozo Law Review* 9, No. 135(1987): 136.

# 第二章　规制工具试验：许可依赖与工具选择

行政许可是最显眼和常用的一种规制工具。相较于处罚、价格控制、约谈等其他规制工具，行政许可因其准入属性和强规制的特点，获得了更多关注。围绕着许可工具的使用和改造，包括我国在内的许多国家设计了不少精巧的机制，以适应政府规制目标和强度的需要。在我国，简政放权是二十世纪八十年代以来政府职能转变进程中的一条核心线索。自 2001 年《国务院批转关于行政审批制度改革工作实施意见的通知》发布以来，行政审批制度改革与简政放权进程始终相伴。从规制理论和行政法治的视角来看，这些改革恰是精准地瞄准许可工具及其关联性变形展开和拓展的。2002 年，国务院发布《国务院关于取消第一批行政审批项目的决定》，取消了 789 项行政审批项目，开启了以取消、调整或是下放行政审批项目权限作为行政审批制度改革主要内容的序幕。通过十余年的改革，历经十多批次的行政审批项目权限取消、调整或是下放的决定，行政审批项目数量的减少始终处于改革的核心地带，并以一定的强度吸引着公共目光。但是，数量的减少本身并非目的，简政放权以及与之相伴的行政审批制度更不是简单地推动国务院各组成部门、直属机构相互之间的“数量竞赛”，而是在厘清政府介入市场、社会运作的边界和尺度。因此，在规制法的方法论框架内，重要的并非国务院在哪些领域取消或是下放了多少数量的审批项目，而是政府介入市场、社会运作的边界和尺度在哪里，在特定场景中确定了相应边界和尺度后，是否可以使用许可工具。如果可以，是否存在改造许可工具的空间，是否能更好地满足规制需要。

## 一、问题的提出

作为行政主导型国家，政府自身的意愿和能力在行政审批制度改革中至关重要。从 2002 年到 2004 年，国务院分三个批次取消和调整行政审批项目，合计取消1580项行政审批项目。也正是在这一时期，为了避免被取消的行政审批项目再次出现，避免出现精简—膨胀—再精简—再膨胀的恶性循环，确保行政审批制度改革得到规范保障，法治作为最强有力的规范形式再次被提出，并被用到行政领域，具体凝结为“依法行政”概念。[①] 而就行政审批制度改革来说，来自法治和依法行政话语最大的一个冲击便是2004年生效实施的《行政许可法》。[②]

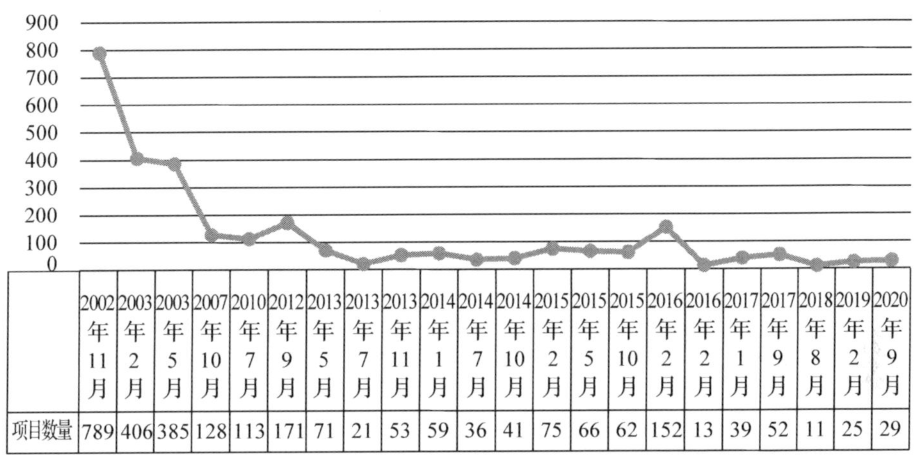


| | 2002年11月 | 2003年2月 | 2003年5月 | 2007年10月 | 2010年7月 | 2012年9月 | 2013年5月 | 2013年7月 | 2013年11月 | 2014年1月 | 2014年7月 | 2014年10月 | 2015年2月 | 2015年5月 | 2015年10月 | 2016年2月 | 2016年2月 | 2017年1月 | 2017年9月 | 2018年8月 | 2019年2月 | 2020年9月 |
|---|---|---|---|---|---|---|---|---|---|---|---|---|---|---|---|---|---|---|---|---|---|---|
| 项目数量 | 789 | 406 | 385 | 128 | 113 | 171 | 71 | 21 | 53 | 59 | 36 | 41 | 75 | 66 | 62 | 152 | 13 | 39 | 52 | 11 | 25 | 29 |

**图1　2002—2020年国务院取消行政审批(许可)项目数量情况**

《行政许可法》第二条为“行政许可”下了一个定义，是“行政三法”中第一部这么做的立法。[③] 根据该条规定，行政许可是指“行政机关根据公民、法人或者其他组织的申请，经依法审查，准予其从事特定活动的行为”。可见，作为一种规制工具，行政许可发挥着准入的作用，就其本质而言，是行政机关依法对原本被普遍禁止的事项、活动的个别解除。在法律效果上，这种个别解除有时会表现为财产权益的创设，有时则表现为行动自由

① 2004年，国务院颁布《全面推进依法行政实施纲要》，对依法行政的内涵和要求进行了详细阐述。

② 以减少数量为主要导向的行政审批制度改革思路从2002年开始一直延续至今，国务院发布了十余批次的取消决定，其中，2015—2017年分三个批次以中央名义直接取消了地方的行政审批项目，并在2015年重申了《行政许可法》的规定，取消了“非行政许可审批”这一类型，调整为政府内部审批事项，此后的表述统一调整为行政许可。

③ 行政法学界通常将《行政处罚法》、《行政许可法》和《行政强制法》称之为“行政三法”，三部法律规范了行政机关最重要的四种权力，即行政处罚权、行政许可权、行政强制措施权和行政强制执行权。1996年实施的《行政处罚法》一开始并未界定何为“行政处罚”，直至2021年修订时才予以界定。

的赋予。[①] 许可工具的这种事前普遍禁止特征使其具有强烈的干预属性，而个别解除权限、条件、程序的设计又使其强烈的干预属性具有一种复合结构，即可以通过权限等具体机制的设计，甚至通过配套性规制工具的使用，来调整其干预强度，因此也吸引了规制设计者的持久目光。

考虑到行政许可的设置会带来普遍影响，《行政许可法》一方面尝试用一套全国统一、权限上移至中央的标准来明确行政许可(行政审批)的设立界限，在第十二条规定了可以设定行政许可(行政审批)的若干事项后，第十三条马上便规定了包括市场竞争机制能够有效调节在内的排斥设立行政许可(行政审批)的四项情形，希望以此明确政府与市场、社会之间的界限；另一方面，通过区分行政许可与行政审批，它实际上是在塑造许可这一规制工具，即把诸如"启动实施一级突发林业有害生物事件应急预案审批"这类的内部管理活动加以排除，明确许可是政府对外作用和施加干预的一种工具，进而确立该工具的运用规则，如设立、实施、撤销、撤回等。以减少数量为导向的行政审批制度改革，固然也一并大大减少了行政许可项目的数量，但这更多的是对前一方面的回应，而没有对后一方面作出回应，忽略了许可作为规制工具的属性。

简而言之，2002 年以来的行政审批制度改革主要着力于许可工具的运用与否，以行政审批局为具体表现的集中审批、先照后证、多证合一等创新活动实际上仍是各种许可的排列组合，而没有将许可视作是一种规制工具，更没有看到作为规制工具的许可可能存在多种变形，进而产生规制工具的多样化。

据上，下文将聚焦于如下三个相互勾连和递进的问题：一是当前我国政府规制可否摆脱对许可工具的依赖？二是如何在现有规制实践中寻找摆脱依赖的立足点？三是如何逐步通过细小制度实践寻找规制工具改造的可能性，并确立我国的规制谱系及其相应的法律规则？

## 二、许可依赖与先证后核的出现

### (一)许可依赖

如果把许可定位为政府介入市场、社会运作的一种规制工具，该工具

① 陈端洪：《行政许可与个人自由》，《法学研究》，2004 年第 5 期，第 38 页。

虽然属于授益性行政活动，但实际上却意味着政府对后者的较强干预，是传统规制理论中命令—控制模式的典型代表，干预色彩比剥夺相对人权益的行政处罚、行政强制等更为浓厚，这也是《行政许可法》第十三条规定凡是可以采用行政处罚、行政强制等事后监管措施的，便可以不设立许可的缘故。不过，有趣的是，作为一种规制工具，许可在中国的发展、流变，尤其是从行政审批概念剥离出来的过程，同时也是计划经济向市场经济转轨，政府逐步从市场、社会等领域中退出的过程。[①] 亦即，从过去政府直接指挥和命令企业、社会组织的管理模式，向政府通过设立一定条件允许部分企业、社会组织从事特定活动实施管理的模式转变，许可在这一转变过程中扮演着关键角色，在很大程度上取代了此前的直接指挥和命令。更为重要的是，对中国近四十年来的政府与市场、社会关系发展来说，许可较之直接的指挥和命令更有法治化的空间，对许可设立权限、条件的规定使该工具更加具有可预期性和规范性。正是基于这一历史背景，规制部门乃至立法机关对许可工具存在相当程度的依赖。若要对许可依赖现象进行描述，那么，其是指规制部门不愿意轻易放弃行政许可作为规制活动的主要工具，即便面临外部政策、法律环境的压力，也可能会通过先行保留、套用相近事物、拆分等方式，确保对许可工具的合法使用。

例如，在2004年《行政许可法》出台后不久，2004年7月国务院以国务院令的形式发布了《国务院对确需保留的行政审批项目设定行政许可的决定》(国务院令第412号，以下简称第412号文)，在2016年8月最新版中，针对出租车经营保留了三项行政许可，即出租汽车经营资格证、车辆运营证和驾驶员客运资格证，同时规定由县级以上人民政府的出租汽车主管部门来实施该三项许可。这表明规制部门获得了授权，可以继续采用行政许可这一规制工具对出租车行业进行管理和控制。在当时，决策者肯定不会想到，不到十年后网约车的出现引发了规制对象属性界定的难题。网约车是典型的平台经济产物，平台经营主体接入乘客和司机信息，推动达成交易。如果平台经济只是外表新颖，实则与传统产业并无二致，那么，所谓“网约车”恐怕便难逃针对出租车行业的规制逻辑，需要讨论的关键问题就不是是否要设立许可，而是如何完善“管人、管车、管公司”的许可模

---

① ［爱］Colin Scott：《作为规制与治理工具的行政许可》，石肖雪译，《法学研究》，2014年第2期，第37—38页。

型，比如是否要推动国务院根据2022年5月《中华人民共和国道路运输条例》第八十二条的规定，及时制定行政法规规范出租车客运；[①] 比如如何针对网约车设计独特的营运年限；再比如如何设计驾驶员的准入资格等等。而这些问题恰恰是2015年底引发剧烈争议的《网络预约出租汽车经营服务管理暂行办法(征求意见稿)》(以下简称《征求意见稿》)所尝试囊括的，其背后的支持正是"共享经济无新意"的前提预设。很快，2016年7月《网络预约出租汽车经营服务管理暂行办法》的出台暂时终结了有关网约车规制模式的争论和摇摆，就行政许可而论，网约车被纳入出租车的规制逻辑。我们可以很清晰地看到规制部门的套用逻辑，即在第412号文先行保留出租车运营许可的框架内，将出租车扩大解释为巡游出租车和网络预约出租车(网约车)，因此，网约车应当遵循第412号文所设置的三项许可制度。同时，由于《行政许可法》并未禁止下位法补充规定许可条件，《网络预约出租汽车经营服务管理暂行办法》(2019年修正)第五条、第十二条、第十四条分别规定了网约车平台公司、网约车车辆和驾驶员要从事运营活动的条件，[②] 由此构成一个完整的通过许可工具来规范网约车运营活动的规制结构。

规制部门基于既有许可选择使用套用逻辑，这并非平台经济兴起后才

---

① 早在2004年，《道路运输条例》第八十二条便规定，出租车客运和城市公共汽车客运的管理办法由国务院另行规定。然而时至今日，国务院始终未对此制定行政法规。

② 《网络预约出租汽车经营服务管理暂行办法》(2019修正)第五条　申请从事网约车经营的，应当具备线上线下服务能力，符合下列条件：(一)具有企业法人资格；(二)具备开展网约车经营的互联网平台和与拟开展业务相适应的信息数据交互及处理能力，具备供交通、通信、公安、税务、网信等相关监管部门依法调取查询相关网络数据信息的条件，网络服务平台数据库接入出租汽车行政主管部门监管平台，服务器设置在中国内地，有符合规定的网络安全管理制度和安全保护技术措施；(三)使用电子支付的，应当与银行、非银行支付机构签订提供支付结算服务的协议；(四)有健全的经营管理制度、安全生产管理制度和服务质量保障制度；(五)在服务所在地有相应服务机构及服务能力；(六)法律法规规定的其他条件。

外商投资网约车经营的，除符合上述条件外，还应当符合外商投资相关法律法规的规定。

第十二条　拟从事网约车经营的车辆，应当符合以下条件：(一)7座及以下乘用车；(二)安装具有行驶记录功能的车辆卫星定位装置、应急报警装置；(三)车辆技术性能符合运营安全相关标准要求。

车辆的具体标准和营运要求，由相应的出租汽车行政主管部门，按照高品质服务、差异化经营的发展原则，结合本地实际情况确定。

第十四条　从事网约车服务的驾驶员，应当符合以下条件：(一)取得相应准驾车型机动车驾驶证并具有3年以上驾驶经历；(二)无交通肇事犯罪、危险驾驶犯罪记录，无吸毒记录，无饮酒后驾驶记录，最近连续3个记分周期内没有记满12分记录；(三)无暴力犯罪记录；(四)城市人民政府规定的其他条件。

产生的。有研究者发现，早在二十世纪九十年代，依托于互联网的平台经济还杳无影踪的时候，上海这样的城市便出现过“家庭旅馆”的现象，即城市家庭尤其是居住在里弄的家庭会将自身不用的房间用于短租。此类“家庭旅馆”较之于正式旅馆、旅社的特点是价格低、交通方便，因此深受到城市寻找工作或旅行的年轻人青睐。[①] 规制部门很快便发现此类“家庭旅馆”的存在，并要求其遵照旅馆业管理法律规范，申办工商登记、卫生许可、消防许可、特种行业许可证等。各类许可要求意味着合法合规成本的攀升，与平台经济时代中某些平台经营主体有着更为强大的经济承受能力不同，此类城市家庭分享其居住空间的“家庭旅馆”便因无法承担上述成本而消失或转入地下，这也使得规制部门无须为其进一步思考规制工具的改造或替换。

那么，在规制领域，为何会出现许可依赖呢？就我国而言，究其原因，从二十世纪九十年代到二十一世纪的第一个十年，规制部门对规制工具的了解和想象较为有限，自身能力存在不足，需要通过许可来填补计划命令退出后的真空地带。即便在规制实践中出现了许可设定权不明确、许可事项不规范、许可环节多和手续繁琐等问题，甚至个别部门和地方出现了权力寻租弊端，规制部门仍然只能从《行政许可法》出发，来规范许可工具，难以找寻通过改造许可工具逐渐摆脱许可依赖的思路。

需要澄清的是，许可依赖并非一成不变的规制现象，也并非在所有规制领域的所有事项上，规制部门必然走向许可依赖的宿命。立法机关、上级行政机关的意愿和压力，也可能驱使规制部门至少在表面上不寻求使用许可工具。还是以对经济、社会生活影响广泛的平台经济为例，2019 年 8 月《国务院办公厅关于促进平台经济规范健康发展的指导意见》(国办发〔2019〕38 号)规定，要“合理设置行业准入规定和许可。放宽融合性产品和服务准入限制，只要不违反法律法规，均应允许相关市场主体进入。清理和规范制约平台经济健康发展的行政许可、资质资格等事项，对仅提供信息中介和交易撮合服务的平台，除直接涉及人身健康、公共安全、社会稳定和国家政策另有规定的金融、新闻等领域外，原则上不要求比照平台内经营者办理相关业务许可。”此外，2020 年 1 月施行的《优化营商环境条例》

---

① 陈映芳、卫伟主编：《寻找住处：居住贫困和人的命运》，上海：上海古籍出版社，2015 年版，第 285—286 页。

第三十九条第一款也明确规定，“国家严格控制新设行政许可。新设行政许可应当按照行政许可法和国务院的规定严格设定标准，并进行合法性、必要性和合理性审查论证。对通过事中事后监管或者市场机制能够解决以及行政许可法和国务院规定不得设立行政许可的事项，一律不得设立行政许可，严禁以备案、登记、注册、目录、规划、年检、年报、监制、认定、认证、审定以及其他任何形式变相设定或者实施行政许可。”作为效力位阶仅次于法律的行政法规，《优化营商环境条例》明确对于许可工具的增加是采用“严格控制”的态度，2019 年 8 月发布的《国务院办公厅关于促进平台经济规范健康发展的指导意见》更是指出对于平台经营者，原则上不能“比照”平台内经营者要求办理许可。这在某种程度上是对前述套用相近事物逻辑的一种克制。

诚然，从纵向历史发展来看，在我国，许可在为政府介入提供规制工具的同时，也与市场的产生和发展如影随形，毕竟，在计划经济的体制下，恐怕很难有许可独立存在的必要。然而，随着市场机制本身的逐步健全，在迈入二十一世纪之后，许可工具也逐渐成为反思的对象。如前所述，简单地考虑许可的设立与否，一方面意味着政府规制工具仍然比较单一，没有充分发展出适合不同领域的规制“工具箱”；另一方面，该问题实际上隐含着一个终极期待，即确定许可的设立标准。对此，《行政许可法》只是规定了四项准则，即公民、法人或者其他组织能够自主决定的、市场竞争机制能够有效调节的、行业组织或者中介机构能够自律管理的、行政机关采用事后监督等其他行政管理方式能够解决的，可以不设立许可。同时，又在第二十条规定了定期评价制度，希望通过程序设计适时取消某些许可项目。可惜的是，由于准则的模糊性、政策性，这一实体与程序相结合的机制设计难以奏效。[①] 这也是为什么十多年来，对行政审批(许可)项目的取消、调整或是下放，仍然主要依托国务院自上而下的推动，而非《行政许可法》在设立许可之前的把控，更不可能是法院根据《行政许可法》的规定在事后进行司法审查。

### (二)先证后核的出现

先证后核的出现可能打破依赖许可工具的狭隘视角，并催动以减少数量为导向的行政审批制度改革乃至整个简政放权进程向寻找适当规制工具

---

① 沈岿：《解困行政审批改革的新路径》，《法学研究》，2014 年第 2 期，第 29 页。

的方向发展。先证后核不是许可工具的替代物，而是以现在的行政许可制度为基点，预示着一种规制工具多样化的可能。所谓先证后核是指将现有的行政许可程序拆分成两部分进行，前一部分是形式审查，仅要求相对人提供法律规定的书面申请、文件等材料，后一部分则是实质审查，即进行现场审查，判断相对人是否真正具备法律规定的许可条件。行政机关在完成形式审查后便向相对人发放许可证，准予其从事相应的活动，若在后续现场审查中发现相对人不符合许可条件的，则撤销许可证。

先证后核将为围绕许可工具存废的行政审批制度改革提供新的思路，并为调整整个行政许可制度乃至激发《行政许可法》规范效力带来新的切入点。在我国，作为一种相对正式的制度安排，先证后核实际上是相当崭新的规制措施。① 2017 年 6 月国务院发布《国务院关于调整工业产品生产许可证管理目录和试行简化审批程序的决定》(国发〔2017〕34 号，以下简称《调整决定》)，从简化审批角度提出两项变化："一是取消发证前产品检验，改由企业提交具有资质的检验检测机构出具的产品检验合格报告。二是后置现场审查，企业提交申请和产品检验合格报告并作出保证产品质量安全的承诺后，经形式审查合格的，可以先领取生产许可证，之后接受现场审查。"质检总局②很快便在同年 7 月发布《质检总局关于贯彻落实〈国务院关于调整工业产品生产许可证管理目录和试行简化审批程序的决定〉的实施意见》(国质检监〔2017〕317 号，以下简称《实施意见》)、《质检总局关于加快推进工业产品生产许可证试行简化审批程序改革有关工作的通知》(国质检监函〔2017〕381 号，以下简称《推进通知》)，并在 10 月发布《工业产品生

---

① 与先证后核极为相似的是始于 2001 年的告知承诺制度，后者始于上海的企业登记领域，2004 年，上海市以规范性文件的方式制定了《关于本市行政审批实行告知承诺制度的意见(试行)》，将告知承诺制度扩大到只需形式审查的行政审批领域，随后又制定了《上海市行政审批告知承诺试行办法》(2009 年)和《上海市行政审批告知承诺办法》(2012 年、2017 年)，进一步扩大了适用范围，并在 2018 年以地方政府规章的形式制定了《上海市行政审批告知承诺管理办法》。两者的共性在于均具有消极许可的特征，即先发放许可证，后核查是否符合法定许可条件，但顾名思义，告知承诺制度的重心在于通过行政主体与相对人之间的合作外观简化程序，而且会因卫生、工商等具体领域的实施细则不同而出现先予发证的条件有别的情形，对此类条件的选择性忽视难免令人怀疑该项行政许可存在的必要性，可参见李孝猛：《告知承诺制及其法律困境》，《法治论丛》，2007 年第 1 期。而先证后核制度并不否定相关许可条件存在的必要性，故本文基于下文规制工具试验分析的需要，将讨论对象限于先证后核。

② 根据 2018 年十三届全国人大一次会议审议通过的《国务院机构改革方案》，质检总局跟工商总局、食药总局一起，被并入市场监督管理总局，基于尊重原规范性文件的表述，本文沿用质检总局、质检部门表述。

产许可证试行简化审批程序工作细则》(以下简称《工作细则》)，在北京、上海、江苏、浙江、山东、广东等6个省、市试行先证后核，具体做法正是遵循国务院两阶段的要求，在形式审查阶段只要求符合申请条件的相对人提交《全国工业产品生产许可证申请单》、有相应资质的检验机构出具的产品检验报告、承诺书即可，[①] 取消了发证前产品检验，在发证前不再实施对企业产品的抽样、封存和检验。而在实质审查阶段，则"依据许可法定条件对申报材料一致性进行监督检查"。

由于产品生产通常是企业等市场主体自主决定的范围，因此，对某些特殊类型的产品采取许可证这样的准入制度，乃是从产品安全角度出发，出于对企业生产合格产品能力的疑虑所进行的设计，是政府介入市场机制的典型表现。该制度始于1984年的《工业产品生产许可证试行条例》，[②] 而需要采用许可工具进行规制的工业产品则从1991年的历史高峰487类，到1992年的132类，再到2003年的86类，直至2017年的38类。[③] 这一历程典型地体现了前述以减少数量为导向的行政审批制度改革，而2017年以"简化审批程序"为名，并用中央文件的形式首次提出的先证后核，实际上是采取了一种不同于许可工具的新型规制工具，而非单纯地用简化程序便可以概括的。换言之，先证后核的规制措施并非对许可工具的程序改造，而是对许可工具既有的内涵和适用规则提出了挑战。

## 三、先证后核带来的挑战

### (一)对许可概念的冲击

许可的本质是一般禁止的个别解除，即在特定相对人符合法定许可条件的情况下，有权机关依法准予其从事特定活动，反之，则禁止其从事相应活动；若相对人未经许可从事了相应活动，将招致制裁。以当前的工业产品许可证制度为例，针对建筑用钢筋、电线电缆等38类工业产品的生

① 《工业产品生产许可证试行简化审批程序工作细则》规定的申请条件包括有营业执照、有与所生产产品相适应的专业技术人员、有与所生产产品相适应的生产条件和检测手段、有与所生产产品相适应的技术文件和工艺文件、有健全有效的质量管理制度和责任制度、产品符合有关国家标准、行业标准以及保障人体健康和人身、财产安全的要求、符合国家产业政策的规定，不存在国家明令淘汰和禁止投资建设的落后工艺、高耗能、污染环境、浪费资源的情况。

② 《工业产品生产许可证试行条例》已被2005年颁布的《工业产品生产许可证管理条例》废止。

③ 宗河：《推进工业产品生产许可证制度改革现场交流会释放明确政策信号》，《中国质量技术监督》，2017年第9期，第21页。

产，企业等市场主体必须先具备相应的许可条件，从有权机关处获得相应的许可证，方能正式从事生产。那么，如何判断作为相对人的企业具备了相应的许可条件，则需要根据2005年7月国务院公布的《中华人民共和国工业产品生产许可证管理条例》(以下简称《工业产品生产许可证管理条例》)第十四条规定，由质检部门在受理申请后，通过实地核查和产品检验来完成。然而，先证后核的制度设计却意味着即便相对人不符合法定许可条件，也可以先行解除对其从事特定活动，如生产某种工业产品的禁止。这便从原来的申请—形式审查—实质审查—确认符合条件后发证的流程，转变为申请—形式审查—发证—实质审查—不符合条件则撤销。尽管这看似只是对许可程序的调整，但实际上却影响到许可的内涵，造成了内在矛盾。

在这里，姑且先把《工业产品生产许可证管理条例》与《调整决定》的规范冲突搁置不论，单从作为规制工具的许可本身来看，试想，当相对人通过形式审查获得许可证，随后因无法通过实质审查而被撤销时，这意味着什么？可能的答案有三：一是监督检查论，即通过形式审查便意味着取得了许可，该相对人可以不受一般禁止的约束从事特定工业产品的生产活动。从形式来看，相对人确实从质检部门获得了许可证，可以开工生产，随后根据《调整决定》的规定，“在后续的监督检查中”，相应产品生产不符合要求的，则由发证部门撤销许可证，这是支持监督检查论最为直接的证据。二是许可论，即把整个先证后核视作许可过程，通过形式审查并不意味着完成许可程序，唯有根据《工业产品生产许可证管理条例》和2014年8月施行的《中华人民共和国工业产品生产许可证管理条例实施办法》完成了现场核查并认定合格之后，才完成了整个许可流程。三是附条件的许可论。立法者有时也会通过附款的方式来调整行政许可等行政行为的效力，以实现特定的行政管理目标，其中，解除条件便是典型的附款表现形式之一。[①] 当条件达标时，行政许可的效力就被消灭。根据附条件的许可论，相对人获得的是有条件的许可证，如果后续现场核查表明其不符合法定要求，则可以消灭该许可的效力。

这三种解读均是建立在现有许可工具内涵基础上，尝试对先证后核的

---

① 赵宏：《法治国下的目的性创设——德国行政行为理论与制度实践研究》，北京：法律出版社，2012年版，第388页。

性质进行界定，毕竟，从教义学分析角度来看，《行政许可法》第二条将许可界定为“行政机关根据公民、法人或者其他组织的申请，经依法审查，准予其从事特定活动的行为”。先证后核包含申请、审查、准予活动等许可概念的内涵要素，似乎很难将其剔除出许可概念的范畴。但是，在与许可概念内涵和机制的对接上，它们又都存在难以克服的内在缺陷。

监督检查论将后续环节的现场核查视作对相对人获得许可后从事相应生产活动的监督，这既有悖于《工业产品生产许可证管理条例》对现场核查的定性，也与《调整决定》将审查分为形式审查和实质审查的思路不尽相符。《调整决定》将后者界定为后置现场审查，后置即意味着现场核查在某种程度上也是许可程序的一部分。

与监督检查论相比，许可论难以自洽的地方似乎更为明显一些，虽然它看到了后续现场核查也是许可程序的一部分，也与先证后核改革中所提及的“优化程序”更为贴近，但却无法回答为何相对人通过形式审查后便有权获得许可证。根据《行政许可法》第三十四条的规定，如果单行法增设实质审查，并为此设计了相应的条件和程序，那么行政机关便应当指派工作人员对申请材料的实质内容进行核实，以此确保实质内容与形式材料相吻合，而后才能作出许可。这意味着实质审查是作出许可决定前的程序，与申请人是否符合许可条件的判断密切相关。《工业产品生产许可证管理条例》第十四条所设计的发证前需要先进行实地核查和产品检验与此是相衔接的。但是，如果根据许可论的观点把整个先证后核都视作许可程序，那么，在实质审查程序尚未完成之时便作出许可，这显然存在逻辑和制度两方面的矛盾。

最后，再看附条件的许可论，通常来说，解除条件的内容应与许可条件不同，然而，在先证后核的制度设计中，形式审查和实质审查均是围绕相对人是否具备生产合格产品的条件进行的，后者是对前者的进一步验证，而非对独立解除条件的审查。

由此可见，以许可工具为基本模型的上述三种解释难以涵盖先证后核的内涵，围绕许可构建的法律规则框架也无法适应先证后核的机制运作。

### (二)撤销难题

现有许可工具的适用规则难以涵盖先证后核的制度设计思路与实践，这主要集中在许可的撤销规则如何与先证后核机制相对接上。根据国务院的《调整决定》、质检总局的《实施意见》等文件的规定，如果企业不能通过紧随其后的现场核查，相应的工业产品生产许可证将会被撤销。表面来看，这似乎是许可制度中的撤销规则直接被挪用于先证后核。考虑到《调整决定》等文件始终是从简化或优化许可程序出发来设计先证后核的，上述"挪用"似乎顺理成章。然而，若对先证后核制度设计中的"撤销"进行仔细考究，恐怕将发现它与许可制度中的撤销不尽相同。

许可制度中的撤销主要涉及三种含义：一是根据《行政许可法》第六十九条的规定，行政机关违法发放许可或是发放有误时，事后可以撤销该许可。此时，撤销是"行政机关纠正有瑕疵或者违法许可行为的一种行政处理措施"。①

二是指向相对人获得许可后的违法活动，而与许可机关的行为无关，这便与吊销近似甚至相同，只是由于立法者的措辞选择缘故表述为撤销。如 2022 年 5 月施行的《中华人民共和国母婴保健法实施办法》第四十二条规定，"进行胎儿性别鉴定两次以上的或者以营利为目的进行胎儿性别鉴定的，并由原发证机关撤销相应的母婴保健技术执业资格或者医师执业证书。"对此，有学者明确将之界定为行政处罚，认为这属于剥夺相对人合法取得的法律资格。②

三是在具体行政管理领域中，根据单行法律、法规的规定，相对人不再符合许可条件的，行政机关有权撤销其许可。如 2019 年 12 月第十三届全国人民代表大会常务委员会第十五次会议第二次修订的《中华人民共和国证券法》第二十四条规定，"国务院证券监督管理机构或者国务院授权的部门对已作出的证券发行注册的决定，发现不符合法定条件或者法定程序，尚未发行证券的，应当予以撤销，停止发行。"在这里，撤销许可并非由于发证机关违法或有误，而是因为相对人不能继续保持原先的许可条件。如果将不能继续保持许可条件作为可制裁的对象，那么，此类撤销无疑属于行政处罚。但是，不能继续保持许可条件的原因有很多，其中既有主观因素，也有客观因素，而行政处罚的构成要件又离不开主观方面。根据《行政处罚法》第三十三条第二款规定，"当事人有证据足以证明没有主

---

① 李孝猛：《行政许可撤销行为的法律属性》，《华东政法学院学报》，2005 年第 3 期，第 45 页。

② 蔺耀昌、胡丙超：《撤销许可的法律性质及效力研究：以撤销司法鉴定许可为例》，《行政法学研究》，2007 年第 4 期，第 91 页。

观过错的，不予行政处罚。”在相对人没有继续从事特定活动的情况下，仅仅由于不能保持许可条件便予以制裁，实际上是裁减了处罚的构成要件，有违责任主义的法治理念和基本原则。因此，此类撤销并非处罚的亚类型，不能与吊销换用。

那么，先证后核制度设计中的撤销属于上述哪一种类型呢？答案恐怕是不属于许可制度中的任何一种撤销。首先，先证后核中的撤销并非由于行政机关违法发证或发证有误，从字面来看，它与《行政许可法》第六十九条规定的“对不具备申请资格或者不符合法定条件的申请人准予行政许可的”情形相类似，但该情形也是建立在违法发证或发证有误的基础上。如果将先证后核中的撤销视作该条款规定的撤销，那么，根据第六十九条第四款，质检部门便需要承担国家赔偿责任，这便与先证后核的运作逻辑存在根本冲突；其次，先证后核中的撤销也不是基于相对人获得许可后从事相应的违法行为作出的，因此也不属于行政处罚；最后，尽管先证后核中的撤销事由近似于获得许可后不能继续保持许可条件，但是，不容忽视的是，后置现场核查是对形式审查环节所涉申请材料的实质验证，亦即是在同一个行政程序中，对是否真正具备许可条件的审查，而非在具备许可条件一段时间后，启动一个新的行政程序以对是否“继续”保持许可条件的监督检查，这便可以将二者区分开来。

综上所述，尽管在制度设计层面，先证后核是作为对许可工具的程序改造和优化而被提出的，但是，无论是从它对许可概念内涵或是相应规则的挑战来看，其差异性恐怕要大于同一性，这也为寻找和塑造一种新的规制工具提供了可能。

## 四、作为规制工具的消极许可与先证后核的规范化

前面第一部分意在从事实层面说明，我国政府规制革新一直以来都存在对许可工具的依赖，但实践中有一些新的规制现象，如先证后核实际上已经超出了许可概念的涵摄范围，也难以被与许可制度相关的法律规范体系所容纳。在破除许可工具对先证后核制度定性与设计的想象限制后，本文开篇所提出的第一个问题便可以得到回答，即当前我国政府规制完全可以摆脱对许可工具的依赖，并从先证后核等新规制现象的自身属性和法理层面，结合现有实践寻找摆脱依赖的立足点。由于长期以来对许可工具的

倚重，加之在事实层面上，行政机关出于自身便利和执法能力局限，对事前监督的依赖远远超过事后监督，因此，作为规制工具的消极许可(negative licensing)对我国行政法学界和实务界来说可谓一个陌生的事物。然而，该陌生事物恰好可以成为先证后核的绝佳参照物，为其实现与许可工具的适度区分，实现在规制谱系中的重新定位提供理论支撑。

**(一)消极许可的引入**

从世界各国的普遍实践来看，许可、消极许可、认证、备案都属于准入制度，可被用于职业准入等领域。[①] 其中，国内理论界和实务界较为陌生的消极许可一词有两种的含义：第一种是描述性含义，即在有些地区的立法设计中，人们是从较为宽泛的描述角度来理解消极许可，将拒绝许可申请、撤销、吊销甚至处以罚款等权力活动均作为消极许可的一部分，如美国明尼苏达州政府规章汇编第 9502 章便逐一列举包括拒绝申请在内的各项消极许可表现形态。[②] 美国其他州在幼儿托育等领域也有采用此类宽泛描述的方式来理解消极许可的立法实践。[③] 第二种含义则具有规范性，通常与规制工具的选择适用相关联。细言之，所谓消极许可是指在某个特定领域中，有权机关预设所有相关主体均有权从事相应活动，当后者被证实缺乏从事该项活动的能力或有不当行为时，有权机关可以将其排除出该领域，禁止其从事该项活动。值得注意的是，这一语义下的消极许可实际上是作为许可工具的替代物被提出的，并在英国、澳大利亚等国家的具体领域中得到运用。下文讨论的对象正是第二种含义的消极许可，即作为一种规制工具的消极许可。

消极许可与许可二者均属于准入制度，都体现了政府对市场、社会等领域的介入，目标都是控制某个领域的活动参与者数量，排除不适格的参与者。但是，二者最大的不同主要体现在制度设计逻辑上：许可是默认所有人均无资格从事特定活动，在审查确定符合法定条件和要求后，准予个别人从事特定活动；而消极许可则是默认所有人均有资格从事特定活动，只有在审查发现个别人不符合法定条件和要求后，再予以排除。可见，两

---

① A. P. Moore, A. A. Tarr, "General Principles and Issues of Occupational Regulation," *Bond Law Review* 1, No. 1(1989): 120－121.

② Minnesota Rules, part 9502. 0341 Negative Licensing Actions.

③ Mont. Admin. R. 37. 95. 176. Day Care Facilities: Negative Licensing Action; Mont. Admin. R. 37. 51. 216. Youth Foster Homes: Negative Licensing Actions.

种工具的运作逻辑是截然相反的，由此体现的政府对市场、社会等领域的介入程度自然也有很大差别。

在整个规制模式的光谱中，按政府介入程度划分，如果将自我规制(self-regulation)和许可置于两端，那么，消极许可便处于中间偏许可工具的位置上。虽然它与合作规制可能存在交叉，如由企业、行业协会等主体自己制定从事特定活动的条件和要求，甚至有观点认为它的强制色彩要弱于合作规制，[①] 但从有无政府强制力保障实施的角度来看，它的政府介入色彩实际上更为浓厚一些。也正是基于这一点，对于循序渐进地在某些领域放松规制和进行行政审批制度改革的中国来说，消极许可具有特殊的优势。作为一种规制工具，消极许可在域外的运作已有多年历史。在英国，《1979年不动产代理人法》(Estate Agents Act 1979)就不动产代理人的准入设计了消极许可制度，国家交易标准委员会不动产代理机构管理小组(National Trading Standards Estate Agency Team)有权禁止个别不动产代理人继续从事该行业。[②] 澳大利亚维多利亚州对金融经纪人的规制，以及首都领地对流动摊贩的规制均是采用消极许可制度。结合理论分析和实践经验，消极许可的特点和优势主要表现在如下几点：

首先，消极许可不需要从事特定活动的行为者事先证明自身符合准入条件，与许可工具相比，这体现了更为宽松的规制政策，对市场、社会的干预程度也较低，也能够更好地发挥市场机制的资源配置作用。

其次，由于消极许可并不要求对所有行为者是否符合条件和要求进行审查，行政机关的审查成本将降低，进而降低行为者，如市场主体的行为成本，消费者为相应商品、服务支出的费用也将随之降低。

再次，消极许可代表着政府规制的主要对象是市场主体等行为者的行为表现，属于一种动态规制，而非仅仅只是着眼于行为者的组织结构和资质等静态条件。[③] 与许可工具相比，这将更有助于确保行为者持续提供符合法定要求的商品和服务。

最后，就市场领域来说，消极许可可能将鼓励更多的行为者，尤其是中小规模的行为者进入特定的领域。在许可作为准入工具的制度中，潜在

① Ann Macleod，Bernadette McSherry，"Regulating Mental Healthcare Practitioners：Towards a Standardised and Workable Framework"，*Psychiatry and Law* 14，No. 1(2007)：46.

② Lorraine Conway，Are Estate Agents Regulated?，2017，p. 9.

③ Consumer Affairs Victoria，Using Licensing To Protect Consumers，2006，p. 18.

的行为者需要事先投入相应的费用、人力以符合法定条件和要求，这些条件和要求通常是对行为者从事特定活动过程的控制。例如，为了确保某一商品、服务是安全的，政府可能对提供该商品、服务的技术、人员条件进行详细的控制，但行为者可能具备通过其他更为经济的方式提供同样安全商品、服务的能力。消极许可则可以帮助政府发现这些方式，并避免现有的行为者反而因为许可门槛的保护成为垄断者。

值得注意的是，虽然消极许可较之许可工具拥有上述优势，并具有自身独特的运作逻辑，但也有若干不足之处，比如，由于缺乏事前的筛选机制，初始进入特定领域的不适格行为者会更多，行政机关的执法频率也有必要随之提高，这会提高执法成本。此外，消极许可对实施规制的行政机关也有一定要求，通常要求后者已经建立一套筛选不适格行为者的程序，建立了相应的执法机构，并且具有较低的规制成本。[①]

**(二)消极许可与行政处罚的区分**

若要进一步明确消极许可在政府规制活动中的内涵和外延，有必要将其与行政处罚区分开。就我国当前的规制实践来看，恰恰由于对规制工具缺乏整体的思考和实践，导致在具体的政府规制活动中，存在定性不清和规制不足的问题。

例如，在金融监管领域，市场禁入措施早已有之，但对其的定性却仍有争议。根据2021年7月施行的《证券市场禁入规定》，发行人、上市公司、非上市公众公司的董事、监事、高级管理等人员存在特定违法行为或故意不履行相应义务造成特定后果的，有权机关可以对其采取市场禁入措施。2010年5月实施、2020年8月废止的《中国保险监督管理委员会行政处罚程序规定》第二条也有类似规定，即当事人违反有关保险管理的法律、行政法规和中国保监会规定的，可以被禁止进入保险业。有趣的是，证监会与银保监会对市场禁入的认识似乎并不一致，前者视其为与行政处罚相并列的行政监管措施，如在程序上采用的是《行政处罚及市场禁入事先告知书》，最终的决定文书也与行政处罚文书分列。即便在2021年修订后的《行政处罚法》第六条在处罚种类中新增限制从业后，证监会依然将行政处罚与市场禁入分列。以2022年为例，截至2022年5月20日，证监会合计作出8份市场禁入决定书，作出25份行政处罚决定书，其中不乏对同一相

① Department of Treasury and Finance, Victorian Guide to Regulation, 2014, p. 14.

对人既作出行政处罚，又作出市场禁入决定的情况。银保监会则明确将其当作行政处罚。有学者从是否“将违法者置于比违法行为更为不利的状态”角度出发，也将市场禁入界定为行政处罚。① 这恐怕是将处罚的概念泛化为整个干预行政活动。实际上，市场禁入具有被接入消极许可范畴的可行性，它并不要求相关人员事前取得许可才能从事相应活动，如担任上市公司的董事、监事等，也不像行政处罚那样主要着眼于制裁性，着眼于对违法活动的惩戒，而是将目标投向将来，即更为关注被相对人行为破坏的特定领域秩序如何恢复，关注相对人是否依然具备从事特定活动的条件和能力。此外，行政处罚通常属于事后监督检查活动的一部分，受制于监督对象数量众多、行为多样等现实状况，对具体某个监督对象而言并非必然发生；而消极许可要求监督对象始终保持从事特定活动的条件和能力，这就隐含后续审查程序必然启动之意，加之行政机关在法定期限内完成审查的义务，同时也可以帮助其躲避来自选择性执法的苛责。更为重要的一点是，行政处罚在构成要件上需要违法行为人对其行为和后果存在故意或过失的主观心理状态，② 而以市场禁入作为外在表征之一的消极许可并不需要考察行为人的主观心理状态，而只需要在客观上观察行为人是否仍然具备相应的条件。

最后，从反面结果来看，若将消极许可与行政处罚相混同，还可能导致规制不足的问题，在许可工具与作为事后监管手段的行政处罚之间出现真空地带。2017 年 10 月颁布的《无证无照经营查处办法》允许“在县级以上地方人民政府指定的场所和时间，销售农副产品、日常生活用品，或者个人利用自己的技能从事依法无须取得许可的便民劳务活动。”这意味着相对人无须许可便可以在指定的地点和时间从事特定类型的销售活动，从放松规制、激活市场角度来看，这固然值得称道，但若完全寄希望于罚款等行政处罚，恐怕又不能及时纠正违法行为或是将违法行为者逐出该领域。

**(三)先证后核的规范化：走向消极许可**

在厘清消极许可在规制模式光谱中的位置之后，我们可以更好地确定先证后核在政府规制中的属性。前述先证后核的制度设计，与其说是许可

---

① 王贵松：《“证券市场禁入”是什么样的处罚》，http：//www.legalweekly.cn/article_show.jsp?f_article_id=14924，2018 年 2 月 2 日访问。

② 全国人大常委会法制工作委员会国家法、行政法室编：《〈中华人民共和国行政处罚法〉讲话》，北京：法律出版社，1996 年版，第 90 页。

工具的程序简化和优化，不如说更近似于消极许可。与消极许可相近似，先证后核的核心理念同样也是以许可工具为基准，降低规制的强度，具体方法均是先允许相关主体进入特定领域，待其从事相应活动之后，再对其是否符合法定条件和要求进行实质审查判断，判定不适格者，则禁止其继续从事相应活动。诚然，先证后核的制度设计与消极许可也有一些不同之处：一是前者在形式上仍以许可的存在为前提，要求相对人在获得诸如工业产品生产许可证后，方能从事相应的生产活动，而后者并不需要许可机制的存在作为前提，否则便与吊销等行政处罚手段难以区分；二是先证后核中的实质审查为必备的程序环节，而消极许可中的审查并不必然发生，有权机关是否启动审查常常是基于民众的申诉。然而，这些不同之所以存在，表面上是由于《行政许可法》仅仅规定了特许、核准、认可、登记等许可制度，没有给消极许可预留可能的空间，也是由于《工业产品生产许可证管理条例》和《工业产品生产许可证管理条例实施办法》明确规定了工业产品生产的许可证制度，同样也没有给有权机关留下采取其他规制工具的可能性，更为根本的原因则在于没有完全将规制活动视作一个政府干预程度由弱到强的不断连续的谱系，这就使得许可成为规制“工具箱”中为数不多的工具之一。

有鉴于此，在推动先证后核规范化，进一步发挥其在政府规制领域独立作用的过程中，可用消极许可为范本确立如下几点构建思路：

首先，继续弱化乃至取消形式审查存在的必要性。在目前的实施方案中，形式审查的内容主要包括《全国工业产品生产许可证申请单》、产品检验合格证明与相对人的承诺书。申请单的主要作用在于信息收集，确保行政机关及时掌握市场主体信息，合格证明与承诺书则是为了确认相关产品合格这一客观事实，同时也是因为当前工业品生产许可证制度对发证后的撤销没有规定，所以尝试用承诺书的方式补正撤销行为的合法性。据此，如果是为了信息收集，完全可以把申请单制度改为事后的备案，合格证明可以被纳入事后监管措施中，而机制的完善可以消除承诺书在法律上的必要性。如江苏省就比全国层面的试点更进一步，取消了企业提交合格证明这一环节。[①]

其次，明确将需要始终保持的标准、条件或要求作为制度核心，行政

---

① 黄伟：《“先证后核”改革覆盖全省》，《新华日报》，2017 年 8 月 6 日，第 2 版。

机关的审查活动也应当围绕该标准、条件或要求展开。作为一种规制工具，消极许可同样要求行为者始终具备符合特定的标准、条件或要求。[①]例如，澳大利亚新南威尔士州对康复师的职业准入采用消极许可方式，并为此类无需登记的康复师制定了安全、传染病预防等方面的服务准则；若康复师违反准则，将有可能被禁止继续提供康复服务。[②] 需要注意的是，如果在标准、条件或要求的制定方面缺乏充分实践，则不适合以消极许可为范本对先证后核进行改造，也不适合采用先证后核这一规制方式。

再次，明确在先证后核过程中无法通过实质审查(现场核查)的相对人在一定时期内甚至是永远不得进入该领域。目前，在我国工业产品生产的先证后核流程中，质检部门由于相对人不能通过后置现场核查而撤销许可证的决定，带有浓厚的终止许可色彩。质检总局制定的《实施意见》等文件受限于整个制度设计的简化许可程序的定位，甚至都没有提及罚款。即便相对人顺利通过实质审查，质检部门也是回到传统监督检查的手段。可见，有必要通过市场禁入的方式，使相对人由于畏惧被逐出市场而确保自身始终符合法定的标准、条件或要求。

最后，有必要延长形式审查与实质审查间隔期，既充分发挥先证后核激发市场活力的作用，也能够促使相对人持续符合相应的标准、条件或要求。有趣的是，质检总局在一开始的《实施意见》中对间隔期的规定是 3 个月，时隔不久，或许是基于对不合格产品流入市场造成损害的担忧，在后来颁布的《工作细则》中又缩短为 30 日，这在某种程度上削减了这一制度的意义。同时，考虑到延长间隔期可能出现的不合格产品对使用者造成的损害，有必要确立使用者可参与其中的申诉制度。

## 五、规制工具试验与规制谱系的确立

先证后核并非工业产品生产领域一次简单的许可程序简化和优化改革，尽管受限于《行政许可法》对许可制度的限定，受制于《工业产品生产许可证管理条例》对工业产品生产的许可证制度设计，它只能以许可程序改革的面目出现，但综观先证后核的制度生成及其内涵，可以发现其中蕴

---

① Anthony Ogus，Qing Zhang，“Licensing Regimes East and West，” *International Review of Law and Economics* 25，No. 124(2005)：126.

② Australian Health Ministers’ Advisory Council，Options for Regulation of Unregistered Health Practitioners，2013，p. 25.

含着当下我国更为深刻的规制发展逻辑。

**(一)规制工具试验**

1. 先证后核的试验过程

从对试点的公开报道来看，先证后核最早出现在2014年的浙江宁波生产许可领域。浙江省质检部门选取了宁波、绍兴等地作为试点，以行政审批制度改革为名，在工业产品生产许可领域尝试用先证后核的方法进行管理。根据当时宁波设计的审批模式，整个先证后核机制由五个环节组成，分别是告知、承诺、发证、现场核查及处置、监管。绍兴则将该机制称之为“简易程序”，采取了类似的流程设计，同样采取了从事前审批转向事中事后监管的规制思路。只要企业申请材料齐全并作出产品质量合格的承诺，行政机关便可以发放生产许可证；在发证后，若发现企业不符合取证条件，则有权责令其申请注销许可证，或是撤销、吊销其许可证，并可能禁止其在一定时期内重新申请。① 在直接取消行政许可项目受法律法规或客观情况约束而有困难的领域，这一做法在其他地区也得到了采用，如在2016年，江苏宿迁同样也是在工业产品生产领域推广先证后核机制，并将该机制扩大到食品安全规制等领域，在2016年9月发布的《宿迁市“暂停行权”、“先证后核”类食品事中事后监督管理办法(试行)》，规定对“风险程度中等，质量要求较高，但技术上相对成熟，企业自己完全可以把控质量，且列入《宿迁市工业类产品生产许可证制度改革先证后核类工业产品目录》的食品”，实行先证后核管理。

在经过宁波、绍兴、宿迁等地的试点实践之后，2017年6月国务院便发布了前文提及的《调整决定》，质检总局也很快在不到半年时间内制定了《实施意见》《推进通知》《工作细则》等政策文件，在工业产品生产领域具体设计了先证后核的程序流程，规定了北京、上海等地作为进一步的试点地区。同年8月，江苏、辽宁、浙江等地正式宣布采取这一机制。

先证后核机制从地方层面的零星试点试验发展成为国家层面统一部署的试点试验，这一过程是“分级制政策试验”的典型体现，即地方在上级正式或非正式支持下开展试点试验，如果试点试验被证实对当前政策有利，便会在总结提炼为典型经验后，通过媒体报道、高规格经验交流等方式加

---

① 陈东黎：《先行一步　先进一路——浙江省质监局创新产品质量监督工作采访札记》，《中国质量技术监督》，2014年第5期，第12—13页。

以推广，最终被吸收到国家政策中，并可能对原有立法进行修改。对此，有学者称之为“由点到面”的政策试验，其特征在于最终控制权仍掌握在中央决策者手中，目标是“探索新的政策工具”。[①] 也有学者从横向的地区对比角度出发，区分试点地区和一般地区，称之为体现中国政策创新经验的“双轨制政策试验”。[②] 在先证后核从浙江宁波等地市产生并升级为国家层面的统一部署过程中，可以发现两个与“分级制政策试验”相契合的核心特征：一是先证后核试验的主导者从一开始就将其定位于行政审批制度改革的一部分，尤其是凸显其缩短审批时间的特征，这与一直以来的简政放权政策导向相吻合，更能够直接契合简化和优化许可程序这一主题；二是在升级为国家层面的统一部署后，马上就进入到经验交流和推广环节，具体表现为国务院和质检总局于 2017 年 8 月在宿迁召开的工业产品许可证制度改革现场交流会。这也表明先证后核正式进入到“试点”阶段。

2. 更广的试验视角

上述对“分级制政策试验”生成过程的描述有助于我们更好地理解先证后核为何会在简化和优化许可程序的语境下进行自我构建，同时，若将其放在更为宽广的政府规制领域，此类政策试验可以被概括为对新规制工具的探索。自改革开放以来，计划经济逐步瓦解，市场机制的作用逐渐抬升和扩散，政府先是用行政审批手段取代直接的指挥和命令，再用体现形式理性的法律规范将审批逐步改造为许可，以此重新划分政府与市场、社会等领域的界限。然而，在重新划分界限的过程中，可用的规制工具却较为有限。这一方面有前述《行政许可法》等既定法律法规设计的原因，另一方面则是因为十多年来的简政放权较为依赖于以减少数量为导向的行政审批制度改革政策。先证后核的出现则有可能成为一个新的契机，即跳脱出行政审批制度改革的逻辑框架，在更为深刻的放松规制语境下，开启规制工具的试验。

在规制工具试验设计中，首先应秉持回应型规制的理念，不着急采用干预程度较强的规制工具。还是以平台经济发展为例，近十年来，平台经济等新经济业态的产生和蓬勃发展带来的经济、社会生活变化显而易见，

---

① ［德］韩博天：《通过试验制定政策：中国独具特色的经验》，《当代中国史研究》，2010 年第 3 期，第 103—104 页。

② 杨宏山：《双轨制政策试验：政策创新的中国经验》，《中国行政管理》，2013 年第 6 期，第 12—13 页。

总体而言，这与包容审慎的规制思路有着紧密联系。在其发展过程中，也出现了包括强制“二选一”等不正当竞争、侵害个人信息等问题，但这些问题的处理更多的还是依靠事中事后的规制措施，如约谈、罚款、下架等。对此，有学者指出，规制部门“应考虑市场创新的特点，采取回应型的规制策略，秉持民主和效率的理念，重新全面审视现有规制框架的政策目标，并根据该政策目的确定相应的制度安排，引入渐进、实验和灵活的规制技术和方法，在创新与规制之间寻求动态平衡。”①在通常情况下，法治以追求清晰性为己任，清晰性方能带来安定性，带来人们对客观法律秩序的稳定预期。不过，在作为公法的行政法领域，在面对规制领域的新问题时，一定的战略性模糊却是必要的。之所以要提出战略性模糊，主要是基于以下三点理由：

一是针对某些暂时无法看清发展的行业，需要采取战略性模糊。② 这有助于避免过早地扼杀其发展，避免法律不适当的干涉相应的权利义务关系，避免权力尤其是行政许可权不适度地扩张。包容审慎的规制思路正是这种战略性模糊在规制领域的体现，近年来，在经济、科技等领域的立法中，包容审慎原则也不时出现。2021年12月修订的《中华人民共和国科学技术进步法》专门新增相关内容，其第三十五条规定，“国家鼓励新技术应用，按照包容审慎原则，推动开展新技术、新产品、新服务、新模式应用试验，为新技术、新产品应用创造条件。”《优化营商环境条例》第五十五条规定，“政府及其有关部门应当按照鼓励创新的原则，对新技术、新产业、新业态、新模式等实行包容审慎监管，针对其性质、特点分类制定和实行相应的监管规则和标准，留足发展空间，同时确保质量和安全，不得简单化予以禁止或者不予监管。”国家市场监管总局2021年5月制定的部门规章《网络交易监督管理办法》第四条也规定，“网络交易监督管理坚持鼓励创新、包容审慎、严守底线、线上线下一体化监管的原则。”从这些条款的规定中，可以看出，在确保基本规范底线如公众健康和安全的前提下，立法者认为包容审慎原则对科技、经济发展是利大于弊的。

二是基于公法的“法无授权即禁止”准则，根据法律保留原则，在没有

---

① 彭岳：《共享经济的法律规制问题——以互联网专车为例》，《行政法学研究》，2016年第1期，第26页。

② 信息社会50人论坛：《从“网约车”新政透视转型期政府治理理念转变之必要性——“专车新政与共享经济发展”研讨会纪实》，《电子政务》，2015年第11期，第41页。

法律授权的情况下，规制部门不得采取减损相对人权利或增加其负担的措施。在面对新事物时，由于其运行理念与核心特征尚处于形成阶段，对其属性的一定模糊处理有助于规范和克制规制部门采取许可工具的行动冲动。以前述网约车为例，一旦将其界定为出租车，那么，交通主管部门便理所当然地获得了实施许可的法律授权。反之，交通主管部门就需要考虑自身行动的具体法律依据。或许正是基于这个原因，2015 年，交通运输部在对《网络预约出租汽车经营服务管理暂行办法(征求意见稿)》所引发争议予以回应时，反复强调其行使的是《行政许可法》当中的“规定权”，其上位法依据是前述第 412 号文。若交通运输部主张其行使的是“创设权”，则将与《行政许可法》未给予规章许可“创设权”的权限设计相抵触。交通运输部在这里显然也发现若将网约车这样的运营模式界定为全新的经济模式，抑或是模糊其属性，皆会消解其《网络预约出租汽车经营服务管理暂行办法(征求意见稿)》的合法性基础，唯有将其明确为出租车，并与第 412 号文相挂钩，才能寻找到行动的法律依据。

三是战略性模糊能够为回应型规制提供具体实施的空间，该实施空间最恰当的容身之所应在地方层面。在这个意义上，所谓战略性模糊实指中央层面的模糊，而中央层面的模糊恰恰是为了给地方的试验和探索留有一定的余地。根据德国学者韩博天的考察，自改革开放以来，中国经济、社会等各方面的发展实际上有赖于“分级试验”，亦即，对于某项制度的创新，中央往往并不表态，或者是鼓励地方官员采取各种可能解决问题的办法，先由地方进行试点，而后逐步总结经验，进行推广。如果该项来源于某个地方的制度在其他地区推广顺利，就有可能得到中央的肯定，上升为全国性的制度。反之，若试点失败，或是在推广过程中存在结构性缺陷，则意味着该项制度生命力的终结。① 这种做法实际上是为中央和地方关系的有效、良性互动留下足够的空间。前面对先证后核试验过程的描述较好地体现了这一互动过程，一方面，这能够促使地方经验有机会上升为全国性的制度。另一方面，更为重要的是在地方层面，为回应型规制提供具体的实施空间。事实上，在 2022 年 11 月《网络预约出租汽车经营服务管理暂行办法》正式颁布之前，上海市就曾给平台公司发放“网络预约租车平台经

① [德]韩博天：《通过试验制定政策：中国独具特色的经验》，《当代中国史研究》，2010 年第 3 期，第 103—112 页。

营资格许可”，未将其定性为出租车公司，而是独特的平台公司，也未限制个人所有的车辆接入平台，这暗含对此类车辆作为“约租车”，而非出租车的定性。[①] 若规制部门没有制定《网络预约出租汽车经营服务管理暂行办法》，或可见地方层面围绕规制工具进行更多的试验与探索。

在回应型规制的理念下，未来规制工具的试验需要把握目标和过程两个方面。就目标来说，需要先明确的一点是，试验是对工具的探索，而非尝试改变目标。因此，在当下的政府规制语境中，规制工具的试验是为了减少不必要的行政权力，激发市场主体活力。先证后核正是在发证环节减少了现场核查、产品检验等措施，与该目标相契合。就过程来看，规制工具的试验可以在地方先行试点，并在具体机制设计时明确主张自身在运作机制和问题解决方面的独特性，在完成“由点到面”的试验过程之后，通过法律法规的修订成为国家层面正式的制度安排。例如，前述国务院发布的《调整决定》便明确表示，“将根据试行简化审批程序工作情况，适时修订相关行政法规。”如果在从地方到国家层面的试验过程中，先证后核不能完成自身独特性的建构，那么，它便难以在最后的正式制度安排中从许可工具分立出来，成为独立的规制工具。

**（二）我国规制谱系的确立**

市场、社会领域的健康发展离不开合法、有效的政府规制，而政府规制工具的粗糙和单一反过来又会导致手段和问题的不匹配，对市场、社会领域的发展产生不良影响。经济、社会事务的日益多样化和复杂化，食品安全、环境污染等各类风险的出现和加剧也在不断佐证规制国的合理性。政府动用规制工具介入市场、社会等领域，这在现代行政国家成为一个几乎不必详细论证的命题，真正需要论证的问题是，政府在面对特定问题时，应当采用何种规制工具以及如何采用该规制工具。

就学理来说，有一种典型的观点主张，“每一种工具都有其功能优势和主要的适用范围……在方法上，应对规制工具的采用进行经济分析，以评估不同工具的绩效。从程序上看，尽可能让所有的利益主体以不同方式参与规制决策”，此外，还需要考虑排除对特定工具的偏好、考虑制度实施、考虑规制环节。[②] 该主张集中概括地回应了有关如何选择规制工具的

① 张晓媚：《滴滴快的获牌：上海“全球首发”》，《第一财经日报》，2015 年 10 月 9 日，第 A01 版。

② 应飞虎：《规制工具的选择与运用》，《法学论坛》，2011 年第 2 期，第 50 页。

问题，尤其是提醒政府避免将目光狭隘地局限在许可这种特定的规制工具身上。因此，对于当前我国政府规制的实践来说，更具迫切性的前提问题便是，除了许可，还有哪些规制工具可供选择？

先证后核及其更具相似性的参照物消极许可为当前我国规制工具的多样化提供了新的思路，更为重要的是，它提示人们，在规制工具经由各地试验而确立和不断丰富的同时，可以逐步建立和完善一个规制谱系。在该谱系中，代表政府干预最轻的一端是自我规制，其特征是市场主体自行协调行为的标准、条件或要求，无政府强制力予以执行。自我规制的典型表现是规制者与规制对象是合一的，合一的主体不仅包括实施行业规制活动的行业协会、中介机构等，还包括单个具体的企业。自我规制还有一种干预程度更深的形态，有学者将其称之为“强制性的自我规制”，或者是“元规制”。强制性的自我规制表现为，行政机关“发现某一问题，然后命令规制对象制定方案来解决这一问题，作为回应，规制对象对自身施加内部式的规制”。[①] 无论是一般性的自我规制，还是强制性的自我规制，其共通之处都是赋予了规制对象较大的活动空间，由其自行判断和决定如何达到既定的规制目标。

政府干预程度加重一些的表现则是准规制，即政府辅助市场主体制定行为的标准、条件或要求，但不负责执行；合作规制则是政府干预程度更为加重的表现，特征在于市场主体与政府之间具有强烈的联系，即便是前者自行发展形成的标准、条件或要求，也常与政府制定的行为框架相关。在合作规制模式中，规制部门与行业协会、中介机构乃至特定规制对象会形成一种权责分工关系，即规制部门可能负责确定规制目标和整体性的规制措施，行业协会等主体负责细化规制标准、实施部分规制措施。在法律规范上，通常会表现为行业协会等主体承担特定的责任，如 2017 年 9 月修订的《中华人民共和国律师法》第四十六条规定，律师协会应当“组织管理申请律师执业人员的实习活动，对实习人员进行考核”，在相关人员向司法行政部门申请律师执业时，为其出具实习考核合格的材料。再比如，2019 年 1 月实施的《中华人民共和国电子商务法》(以下简称《电子商务法》)设专节规定了电子商务平台经营者的多项义务，其第三十六条规定，“电

---

① ［英］罗伯特·鲍德温、马丁·凯夫、马丁·洛奇编：《牛津规制手册》，宋华琳、李鸻、安永康、卢超译，上海：上海三联书店，2017 年版，第 167—168 页。

子商务平台经营者依据平台服务协议和交易规则对平台内经营者违反法律、法规的行为实施警示、暂停或者终止服务等措施的，应当及时公示。”

代表政府干预最重的谱系另一端则是政府明确制定行为的标准、条件或要求，并自己负责执行，传统的命令—控制规制模式即属于这一端。先证后核同样也属于干预最重的谱系一段。不同规制相互之间的关系可以见图 2。

**图 2　规制谱系(从轻到重)**

不过，如前所述，谱系是一个连续不断的分布，在规制谱系上，即便在最重的一端，也连续不断地分布着多种规制工具。有鉴于此，在我国现阶段的规制改革中，最为迫切的或许并非急于将目光投向合作规制、准规制甚或自我规制，毕竟，许多领域内的市场主体、社会组织并不健全，独立性不足，专业性堪忧；而是需要探寻和发展完善许可工具的替代品，如备案、信用等级管理等，为先证后核这样的许可“变体”构建独立的运作机制，并借鉴其他国家现有的消极许可制度将其“工具化”，从而纳入我国的规制谱系形成当中。由此可见，我国规制谱系的形成逻辑必然不同于当今市场经济发达的许多其他国家，后者的规制谱系是从依托民事法律转向依托制定法授权的政府干预，从政府干预最轻一端向最重一端发展。在这过程中，立法者制定或行政机关推动立法者制定的标准、条件或要求逐渐增多，并依托行政机关执行。如英国在消费者权益保护领域的政府规制主要始于二十世纪六十年代，在该时期，制定法取代了普通法，各类准入和行为标准、准则等政府规制手段取代了民事法律，推动了消费者权益保护的发展。[①] 而我国规制谱系的形成乃是从政府干预最重的一端向最轻一端发展，是从缺乏规范性的行政主导国家向规范化的规制国逐渐转变，在该转变过程中，通过极具中国特色的规制工具试验和总结提炼，将有助于规制工具的创新与丰富，并推动整个规制谱系的完善。

---

① Gordon Borrie, “Legal and Administrative Regulation in the United Kingdom of Competition and Consumer Policies,” *U. N. S. W. Law Journal* 5, No. 1(1982): 86.

## 六、结语

长期以来，许可工具在我国政府转型过程中扮演着至关重要的角色，它一方面帮助政府摆脱了计划经济体制的束缚，逐步塑造了市场；另一方面，随着时间的推移，在越来越多的领域内也构成了对市场乃至社会发展的约束。这一看似矛盾的现象很早便被政府自觉或不自觉地体会到，由此才有始于二十一世纪初到迄今连绵不断的行政审批制度改革。但是，单纯以减少许可项目数量为导向的改革难免存在力有未逮之处，用部门竞争的“锦标赛”方式推动简政放权，一是未必全部做到科学性和民主性论证，二是可能在个别领域造成规制不足。我国当前的政府规制逻辑应当转向探寻更为多样化的规制工具，尤其是能够替代许可的规制工具，如消极许可等，并为其分别提供更为合身的法律规范论证，从行政法学理论上确立其独立性，进而形成适合我国市场和社会发展的规制谱系。

# 第三章　规制权限分配：从参与到协商

规制的英文是 regulation，作为名词，翻译成中文也可以译成规章。规章在中文的行政法世界里有特定指向，特指国务院组成部门、直属机构等制定的部门规章，以及省、自治区、直辖市人民政府或设区的市人民政府制定的地方政府规章，即行政规章。行政规章是行政立法的重要表现形式，除了立法机关制定的法律，政府实施规制活动的大量规范依据其实是行政规章。作为政府规制的依据，行政规章在合法性上并非能够自足，通常情况下需要依托立法机关所制定的法律授权。从立法机关到有相应权限的行政机关，再到具体场景中的规制活动，行政规章尤其是国家层级规制部门的部门规章起到关键性的枢纽作用。在规制理论中，围绕此类规章的制定、性质、内容、评估和废止，常常被视作规制模式和方法的风向标。如 1981 年，美国里根总统发布了著名的第 12291 号行政命令，要求对联邦政府所有重要的规章进行成本收益分析(cost and benefit analysis)，这标志着经济分析方法在政府规制中得到普遍性运用，为前文所述经济激励模式确定了可验证的方法论基础。因此，行政规章乃至整个广义的行政立法活动是规制法方法论的重要观察对象，在规制法的语境中，行政规章是否可以作为法律渊源，在行政复议或是行政诉讼中是否可以成为复议机关或法院适用的依据等问题并非首要关注的问题。关键的问题是，规制部门制定的行政规章是否可以推进相应规制活动实现既定目标，是否可以更为有效地实现规制部门与规制对象之间的沟通，从而使得规制活动更加具有正当性。这些问题的讨论都与规制权限有关，多数研究谈及规制权限时，通常会聚焦特定行政机关的权限，会仔细审视其制定规章是否可以有效链接到立法机关某部制定法的授权上，典型如美国行政法上围绕禁止授权准则(non-delegation)产生的诸多判例，以及衍生出包括可理解性(intelligible)在内的一系列具体规则。本章同样无法完全忽视立法机关授权意义上的规制权限，但是，接下来将主要聚焦规制部门与规制对象关系意义上的规制权限，并通过美国协商式规制的制度生发和演进实例，来反思规制权限的分配机制。

## 一、协商式规制的兴起

美国行政法学界通常将1887年联邦州际贸易委员会(Interstate Commerce Commission，缩写为ICC)的诞生作为行政法的产生起点，其原因是通说认为这是联邦层面第一个规制委员会。根据1887年国会制定的《州际贸易法》(Interstate Commerce Act)授权，该委员会有权通过价格限制等手段，干预铁路承运人的运营活动，以保障其他企业和消费者的合法权益。亦有观点认为，在美国，现代意义的行政法产生于二十世纪二三十年代的罗斯福“新政”时期，其标志是充分仰赖客观中立的行政官僚机关来处理各式各样的社会事务和经济问题。[①] 然而，随着规制俘获以及现代官僚制弊端的逐渐暴露，人们对专家治理模式产生疑虑，规制部门渐渐不再能够依靠单纯的专业能力获得信任。同时，随着现代科技、经济与社会事务的进一步复杂化，规制部门不得不努力掌握更为全面的信息和事实材料，如此才有可能作出正确的决策。公共参与固然有助于规制部门获取信息与正确决策，但是在1946年联邦《行政程序法》规定的非正式程序(通告—评论程序)占主导的行政立法格局中，利益诉求的多样化加剧了冲突对抗的风险，使作为积极仲裁者的行政机关面临巨大的压力，并可能使整个行政立法机制陷于停滞的泥淖。对此，美国行政法学界和实务界的反应并非削弱参与机制，重新将行政活动的正当性放置于专家治理模式的基础之上，而是在承认各方利益参与行政活动必要性的前提下，在具体的规制领域进一步探索合理的行政活动机制，协商式规制的制度建设便属于此类努力。

### (一)理论“前传”

与协商式规制对应的英文术语包括 negotiated rulemaking、regulatory negotiation 以及 reg-neg(简称)等，因此，从行政立法角度，也可以将其译为协商式行政立法，或协商式规章制定。顾名思义，它指的是在行政机关制定抽象性规范的过程中，受到实质性影响的利害关系人(包括行政机关

① William Funk, “When Smoke Get in Your Eyes: Regulatory Negotiation and Public Interest—EPA’s Woodstove Standards,” *Environmental Law* 18, No. 55(1987): 89—90.

在内)均有权选派代表参与善意协商，从而就该规范的草案文本达成共识的程序。[①] 一般认为，协商式规制产生于二十世纪八十年代，首个“吃螃蟹”的联邦机构是联邦航空管理局(Federal Aviation Administration)，它在1983年组建了一个协商委员会来讨论如何修改与国内航线飞行员相关的飞行和休息时间要求。[②] 不过，有学者认为，对协商式规制制度生成背景的思考可以往前追溯到斯图尔特，[③] 后者在1975年的一篇著名论文中反思了传统行政程序的不足，主张采用直截了当的政治机制来解决利益代表问题，以此作为替代传统行政立法程序的备选机制。[④] 就在斯图尔特撰写上述论文的同一时期，刚卸任不久的联邦劳工部长约翰・邓洛普(John T. Dunlop)发表文章认为，行政机关应当使受其一系列规制影响的利害关系人更为广泛地参与到规章形成过程中。[⑤] 根据这一理念，邓洛普曾在其任期内积极推动学界进一步思考协商性方式，并邀请斯图尔特等学界和实务界人士研讨可能替代传统行政立法程序的方案。由此可见，“邓洛普将协商作为一种规制性程序的理念与斯图尔特对直截了当政治过程的探索相映成趣。”[⑥]

邓洛普对协商式规制的巨大影响得到了菲利普・哈特(Philip J. Harter)的肯认，后者不但是行政革新的身体力行者，而且还是积极的理论阐述者，他将邓洛普视作“在公共领域当中促成利害关系方展开协商的真正先驱”。[⑦] 恰是在邓洛普不遗余力地寻找传统行政立法替代性方案的推动和

---

① Philip J. Harter, “Assessing the Assessors: The Actual Performance of Negotiated Rulemaking,” *New York University Environmental Law Journal* 9, No. 32(2000): 33.

② Administrative Conference of the United States, Negotiated Rulemaking Sourcebook, 1995, p. 9.

③ Henry H. Perritt, Jr., “Administrative Alternative Dispute Resolution: The Development of Negotiated Rulemaking and Other Processes,” *Pepperdine Law Review* 14, No. 863(1987): 863.

④ Richard B. Stewart, “The Reformation of American Administrative Law,” *Harvard Law Review* 88, No. 1667(1975): 1789—1790.

⑤ John T. Dunlop, “The Limits of Legal Compulsion,” *Labor Law Journal* 27, No. 67 (1976): 72.

⑥ Henry H. Perritt, Jr., “Administrative Alternative Dispute Resolution: The Development of Negotiated Rulemaking and Other Processes,” *Pepperdine Law Review* 14, No. 863(1987): 872—873.

⑦ Philip J. Harter, “Assessing the Assessors: The Actual Performance of Negotiated Rulemaking,” *New York University Environmental Law Journal* 9, No. 32(2000): 53.

启发下，人们对传统行政活动的反思进入到建设性阶段，协商式规制也自八十年代起慢慢地在联邦层级的个别行政部门获得了试验性运用。

**(二)制度成因**

协商式规制的出现在很大程度上是传统方法的不足之处日益显现的结果，它在相当程度上是对通告—评论程序以及“混合程序”在外界变化面前日渐产生不适性的回应。① 在行政立法领域，以通告—评论为特征的非正式程序占据主导地位。根据该程序，行政机关在制定颁布最终的法规、规章前，需要在《联邦公报》(*Federal Register*)上公告草案文本，为公众提交评论提供机会。二十世纪六十年代中后期，随着外部环境及观念的细微变化，法院加强了对行政活动的司法审查，这在一定程度上促使介于正式和非正式程序之间的“混合程序”逐渐显现。由于强化了公共参与和对行政机关决策事实基础的要求，“混合程序”的对抗色彩愈渐浓烈。诚然，这种对抗性程序一方面能够督促利害关系方关注决策的结果，促使他们向行政机关提供有关客观事实方面的信息，并表达自身的政策性主张，故可谓是一种“信息生成机制”；另一方面，它有助于确保利害关系方了解彼此的观点和主张，在互动中消除事实和信息方面的谬误。② 然而，基于在日后可能发生的司法审查中获得优势地位的需要，规章制定过程的“对抗性”也造成了以下两个后果：

一是为了争取对自身最为有利的结果，各利害关系方会趋利避害地隐藏对自己不利的信息，在书面评论或是口头听证中尽可能地罗列于己有利的事实依据，并不分轻重地列出全部诉求。这将造成各方均采取极端立场的局面，难以形成妥协；

二是从行政机关的角度来看，在各方极端立场所形成的情景下，负责规章制定的行政机关很难识别出它们对不同事项在偏好上的权重分配，自然也就不大可能寻找到能最大限度地提高各方总体满意度的规制空间。③

上述两个后果拖慢了“混合程序”的节奏，致使传统机制下的规章制定

---

① Henry H. Perritt, Jr., “Negotiated Rulemaking in Practice,” *Journal of Policy Analysis and Management* 5, No. 482(1986): 483.

② Philip J. Harter, “Negotiating Regulations: A Cure for Malaise,” *The Georgetown Law Journal* 71, No. 1(1982): 18—19.

③ Administrative Conference of the United States, Negotiated Rulemaking Sourcebook, 1995, pp. 2—3.

程序变成一个耗时耗力且耗资不菲的过程。更为重要的是，事后的司法审查并不意味着官僚化的停滞，无论是非正式程序还是对公共参与有所关注的“混合程序”，两者都没有改变行政机关在制定法规、规章过程中的主宰作用。换言之，司法审查在最好的情况下只不过是使得行政机关在行事时变得更为审慎，并无力改变如规章制定这类行政活动的结构。由此可见，时间和金钱开支方面的不足或许只是“疾在腠理”，而在“腠理”之下与现代官僚制相伴的行政机关回应性匮乏乃至公共参与的形式化，或许才是人们不满的主要原因。

对规章制定传统程序的不满是协商式规制逐步兴起的重要原因，人们期待后者能够缓解居于前者之中的非良性对抗。在协商式规制最早也是最重要的制度设计者之一哈特看来，相对于非正式程序或“混合程序”来说，协商式规制具有诸多优势。它使利害关系方提前直接地参与到规章制定程序，即规范文本的形成当中，通过面对面的协商了解各自观点以降低戒心和采取极端立场的可能性，从而减少了无谓的信息供给和意见表达，有助于节约具体规章制定过程的时间和经济成本。[①] 同时，由于利害关系方得以直接参与规范文本的形成，这较之传统的通告—评论机制或是在此基础上另增的口头听证方式，呈现出参与形式的多样化和程度的深化，有利于缓解传统方式带来的不满情绪。

因此，考究协商式规制的制度成因时，日渐引起重视的行政活动领域的协商理论固然不容忽视，但最为重要的是，在行政立法过程中人们发现，现代官僚制笼罩下的行政机关，其耗时、昂贵及封闭的缺陷日益突出，而若强化对其的制约机制，如司法审查，封闭的问题或许能有所缓解，但耗时和昂贵的缺陷反倒因利害关系方希望在法院面前占据有利地位的求全心理而加剧；各利害关系方的类似反应甚至会使行政机关在最后决策时遇到判断障碍而进退两难，最终制定出来的法律规范难免与各方的总体满意度相去甚远。简言之，传统规章制定的程序机制存在诸多缺陷，尤其是在面对各方利益纷争时，传统程序的弊端暴露无遗，对此的不满直接

---

① Philip J. Harter, “Negotiating Regulations: A Cure for Malaise,” *The Georgetown Law Journal* 71, No. 1(1982): 28.

促使人们从具有协商性的替代方式中寻找灵感，协商式规制应运而生。[①]

**(三)制度实践与立法**

对美国协商式规制制度实践的考察可把 1990 年制定《协商式规章制定法》(Negotiated Rulemaking Act)作为时间点，1990 年前是制度的试验探索期，1990 年起则属于制度模板的检验和发展期。

1. 试验探索期

从 1983 年到 1990 年 11 月，有多个联邦行政机关在进行规章制定过程中组建了协商或咨询委员会，将利害关系方吸纳其中，并尝试就相关法律规范文本达成各方共识。如美国劳工部职业安全和健康管理局(Department of Labor's Occupational Safety and Health Administration)曾于 1983 年 7 月在《联邦公报》上公告，意欲启动协商机制，尽管协商在次年陷入僵局，最终并未形成规章草案，但人们还是认为它成功地缩小了争议事项的范围。再如，根据 1988 年一项有关促进基础教育的法律修正案要求，教育部(Department of Education)在落实制定法要求，用行政立法方式规制，为有特殊教育需求的孩子提供经济资助事项时，必须采用协商性机制。根据该项法律规定，教育部在 1988 年 7 月公告了启动协商性机制的安排，10 月即向公众公告了草案文本，并在次年 5 月正式颁布最终规范。

从以上两个例子可以看出，在这一阶段，即使是联邦行政机关也没有统一的法定义务，必须在行政立法过程中运用协商性机制来组建协商委员会，并用委员会所可能达成的共识作为行政立法的规范文本。相反，是否适用协商行政立法规制一方面取决于部门行政法有无强制性规定，如上述教育部有关资助特定群体儿童的事项；另一方面，当没有制定法要求时，则需要看具体部门对它的重视程度。如美国国家环境保护局(U. S. Environmental Protection Agency)早在该时期就是协商式规制机制的积极拥护者和实践者，曾先后在保护农业劳动者免受农药侵害、家用柴炉标准、资源修复等一系列事项上运用过协商性机制。此外，美国农业部(U. S. Department of Agriculture)、内政部(U. S. Department of the Interior)、运输部(U. S. Department of Transportation)、联邦贸易委员会

① Henry H. Perritt, Jr., "Negotiated Rulemaking before Federal Agencies: Evaluation of Recommendations by the Administrative Conference of the United States," *The Georgetown Law Journal* 74, No. 1625(1986): 1627—1630.

(Federal Trade Commission)乃至核能管理委员会(Nuclear Regulatory Commission)等都或多或少地在特定事项中适用了协商式规制。[①] 因此，从各部门的制度实践及其共性来看，该阶段既带有鲜明的试验探索色彩，即各个行政机关根据自身的需要和具体事项的性质及法律依据，各自摸索“协商之道”，同时又似乎已然在基本程序框架方面形成了一些固定做法，如行政机关决定协商前的召集、公告协商决定、各方共同制定协商日程表以及由中立、专业人员担任召集人(convenor)或协商协调人(mediator)等。例如，哈特在该时期便以召集人或协调人的身份，亲身参与了多项协商式规制活动，这些活动分布在劳动部、环境保护局等多个部门，这可佐证不同部门之间已对设立召集人或协调人这样的程序辅助者等做法形成了默契。

2. 检验和发展期

1990 年美国《协商式规章制定法》标志着协商行政立法程序拥有了与 1946 年《美国联邦行政程序法》同等位阶的制定法渊源，它“为行政机关通过协商式规制形成规范的文本草案确立了制定法框架”。[②] 由于该法附有六年期的“落日条款(sunset provision)”，故美国国会在 1996 年通过《行政争议处置法》(Administrative Dispute Resolution Act)永久地延长了该法的有效期，虽然美国行政会议(Administrative Conference of the United States)于 1995 年尚未知晓国会是否会对《协商行政立法法》再授权时，曾表示无论该法有效期是否得以延长均无碍于人们继续运用协商式规制制度，“该法的目的不是创制新的权力来源，而是(为协商式规制)规定一些基本规则和保护措施”。[③] 不过，国会的再授权无疑表明立法者对协商式规制制度经过长期实践所获成果的支持，也是对已然成形的制度本身的认同，《协商式规章制定法》自然便成为协商式规制制度稳定、长久的制定法依据。

除了制定法的支持，协商式规制制度在克林顿政府时期还得到了总统的赞同和鼓励。1993 年美国的 12866 号总统令明确表示，应引导各行政机关运用包括协商行政立法在内的共识形成机制来制定有关行政规章。同

---

① Administrative Conference of the United States, Negotiated Rulemaking Sourcebook, 1995, pp. 375－398.

② William F. Funk, Jeffrey S. Lubbers, Charles Pou. Jr., eds., *Federal Administrative Procedure Sourcebook* (*Fourth Edition*), (American Bar Association), 2008, p. 941.

③ Administrative Conference of the United States, Negotiated Rulemaking Sourcebook, 1995, p. 67.

年，时任副总统戈尔领导的“国家绩效评估特别调查组”（National Performance Review）也发布相关报告指出，由专家主导的传统规章制定程序能够获得的外部公众反馈不足，这会削弱最终规范的有效性，并将鼓励对抗和不合作，加剧日后发生诉讼的风险，对此需要运用协商式规制制度加以解决。[①]

正是在国会、总统等多方力量的认同和支持之下，协商式规制制度在二十世纪的最后一个十年中得到了巩固和发展，如通过对《联邦公报》的检索，有学者统计发现从 1991 年到 1999 年，联邦层级的行政机关一共发布了 63 个建立协商委员会的公告。[②] 而在涉及环境事务这类牵涉范围较广、科技含量较高的复杂事项中，协商式规制制度获得了更多的运用：根据 1995 年美国行政会议的统计，此前大约有 1/3 的协商实践是在环境保护局的主导下完成的。[③] 也唯有环境保护局为此专门安排人力、物力并设置专门的项目组来评估相关事项的可协商性。[④]

作为协商式规制的法定主导机构，尽管美国行政会议在 1995 年因失去国会财政拨款而陷于停滞（2009 年重新获得拨款，并于 2010 年 3 月正式得以重建），但协商式规制制度本身的发展并未停滞。从 1983 年到二十世纪结束，该制度固然不曾显露出对通告—评论程序或是“混合程序”的取代之势，其具体运作过程也未臻完善，然而，通过不同行政机关、不同领域和事项的实践及经验积累，当初面对传统方式诸多弊端应运而生的协商式规制制度，将逐渐在行政法的发展当中稳住身形，甚至能给人们带来一种崭新的思维方式，拓展出一片新的理论领域。为此，有必要深入该制度的具体运作过程，先在形而下的“格物”层面尽量求得其全貌。

## 二、协商式规制的程序运作模型

召集、协商与公告可谓是协商行政立法的“三部曲”。若说召集是协商

---

① Philip J. Harter, “Assessing the Assessors: The Actual Performance of Negotiated Rulemaking,” *New York University Environmental Law Journal* 9, No. 32(2000): 36—37.

② Jeffrey S. Lubbers, “Achieving Policymaking Consensus: The (Unfortunate) Waning of negotiated Rulemaking,” *South Texas Law Review* 49, No. 987(2008): 1007—1017.

③ Administrative Conference of the United States, Negotiated Rulemaking Sourcebook, 1995, pp. 9—10.

④ Administrative Conference of the United States, Negotiated Rulemaking Sourcebook, 1995, p. 41.

的必要前提，那么公告便是将协商成果公之于众，并且将整个协商机制与现行行政立法程序首尾连接起来。

**(一)召集**

在没有制定法强制性规定约束的情况下，当特定行政机关开始考虑是否运用协商行政立法时，它需要寻求召集人(convenor)的帮助来评估在相关事项上适用这一程序是否具有可行性。召集人既可以是与所涉事项无关的机关雇员，也可以是行政机关外聘的人员或机构。在该阶段，召集人的具体任务有三项：

首先，由于协商需要所有利害关系方的参加，因此召集人应当识别出将会受到拟议规则实质性影响的各种利益，并找出能够代表这些利益的个人或组织，为邀请在将来可能参加协商的各方主体做好准备；其次，召集人须事先厘清在协商过程中需要予以解决的各个事项，即协商对象；最后，根据制定法的规定，召集人还应当决定，在具体行政立法中设立协商委员会是否恰当与可行。①

为了顺利完成上述三项任务，召集人需要与行政机关密切合作、查阅相关事项的立法记录甚至是对潜在利害关系方进行访谈。在访谈过程中，召集人应当充分考虑到未来协商可能遇到的障碍，如是否会涉及因基本价值分歧而无法妥协的事项、主要利害关系方是否存在抵触参与的情绪、是否存在事实性分歧、涉及的问题太多或太复杂以致难以展开协商，以及利害关系方过多等。② 这些因素都将构成对未来协商的重大障碍，是召集人在评估协商行政立法是否“恰当和可行”时应予重点考虑的内容。不过，需要注意的是，对上述因素的评估更接近于一种主观过程。人们虽然总结出了一些客观标准，但在实践中这些标准未必契合实际，如在“利害关系方过多”问题上，哈特在八十年代曾一度倾向于将 15 个作为上限，③ 而 1990 年的《协商式规章制定法》却将 25 个作为上限，并允许行政机关在必要时突破这一上限。因此，整个召集活动的顺利进行需要召集人本身具有丰富的

① Philip J. Harter, “Assessing the Assessors: The Actual Performance of Negotiated Rulemaking,” *New York University Environmental Law Journal* 9, No. 32(2000): 35.

② Administrative Conference of the United States, Negotiated Rulemaking Sourcebook, 1995, p. 126.

③ Philip J. Harter, “Negotiating Regulations: A Cure for Malaise,” *The Georgetown Law Journal* 71, No. 1(1982): 46.

经验和相应的行政技能，如此才有可能提高后续协商的成功率。

当召集人经过评估，认为采行协商性机制处理具体行政立法事项“恰当和可行”时，可将相应报告提交给行政机关。若行政机关认同召集人的意见，后者将联系各利害关系方选派代表真心实意地参与协商，组建协商委员会。而后，根据法律的规定，行政机关应在《联邦登记》上发布公告，公告内容包括行政机关启动协商性机制的决定、对拟议规则对象和范围的描述，以及将参与协商委员会的人员和利害关系方。[①] 公众可以就该公告提交评论意见，若有人认为自己应被纳入协商委员会而未被纳入，此时也可以向有关行政机关表达诉求。行政机关将对所有公众评论意见予以审查，一方面是为了确保协商委员会没有遗漏相关的利害关系方，另一方面则是对即将展开的正式协商进行最后的把关，这意味着此时此刻的行政机关在通盘考虑后依然有权对协商式规制程序“喊停”。

在召集的最后阶段，行政机关需要决定是否使用协商调解人或辅助人(facilitator)，这意味着上述召集人的任务已经完成(召集人可能接着担任调解人或辅助人)。根据美国行政会议 1995 年的统计，截至当时，所有协商式规制程序都借助了第三方的中立调解人或辅助人的帮助。[②] 这些调解人或辅助人凭借其中立性和协商经验可有效地确保后续协商活动的顺利进行。

**(二)协商与共识**

协商活动的最终目标是就行政立法的规范文本达成共识(consensus)。根据《协商式规章制定法》的规定，所谓“共识”是指协商委员会当中的各利害关系方一致赞同，除非该委员会同意将其定义为总体而非一致赞同，或定义为其他含义。[③] 协商委员会的各项活动正是围绕最终共识的达成而展开的。

为了最终共识的顺利达成，协商委员会应在召开首次会议时对组织性事项作出安排，亦即需要各方对委员会的活动目标、内部的下设委员会结构和议程，乃至委员会的运作达成一致。在这个问题上，行政机关应当向

---

① Philip J. Harter, “Assessing the Assessors: The Actual Performance of Negotiated Rulemaking,” *New York University Environmental Law Journal* 9, No. 32(2000): 35.

② Administrative Conference of the United States, Negotiated Rulemaking Sourcebook, 1995, pp. 129—130.

③ 《美国法典》第 5 编，第 562 节。

各方提交相关草案以供讨论，其内容包括“对各参与方及其所代表利益的介绍、对协商式规制程序理念的简述、对通过协商所要制定规则牵涉事项的讨论，以及有关委员会自身运作的提议。”[①]组织性事项的解决有助于各参与方在接下来的协商活动中按部就班，集中自身所掌握的资源，对各自关心的问题进行相互讨论。

协商委员会对诸多问题与事项的讨论可以通过下设委员会或工作小组的形式进行，它们可被用来收集相关数据或向协商委员会提交议案以供其考虑，但其无权对有关事项作出最终决定。需要注意的是，在下设委员会或工作小组的构成上，应当充分考虑各参与方的利益平衡，避免出现不公现象。

除有效运用下设委员会或工作小组推进协商外，在协商的整个过程中，协商调解人或辅助人的作用至关重要，他们将根据自己的经验和能力主持协商进程，并在最后期限到来前引导各方顺利达成共识，或是及时、准确地发现僵局的产生。[②] 正是在协商调解人或辅助人的帮助下，参与协商的各利害关系方一同探寻事实，从各自立场出发相互讨论所关心的问题，对各个会议所达成的一致进行总结概括，并在最后形成书面的规范文本以供包括行政机关在内的各参与方审阅。[③] 在一般情况下，此时若各方对草案文本均无异议，“共识”即告达成；若有任意一方对此投反对票，协商便难谓成功。

最后需要强调的一点是，共识的形成并不意味着各参与方对草案文本的所有细节均持赞同态度，它只表明各方认同的是文本的整体。协商性机制使各利害关系方或其代表有机会参与到行政立法规范文本的形成过程当中，各参与方对不同事项的权重和利益偏好也在这一过程中得以显现，最终的共识所体现的正是各方偏好的综合体：它可能不会全然遂了某一方或某几方的心愿，但一定会是各方在彼此沟通与讨论过后最能接受或容忍的方案。

---

① Administrative Conference of the United States, Negotiated Rulemaking Sourcebook, 1995, p. 211.

② Administrative Conference of the United States, Negotiated Rulemaking Sourcebook, 1995, pp. 214—215.

③ Lawrence Susskind, Gerard McMahon, “The Theory and Practice of Negotiated Rulemaking,” *Yale Journal on Regulation* 3, No. 133(1985): 150.

### (三)公告

协商式规制的参与方在如何处理“共识”上有一定的灵活性，如协商委员会可以选择以书面形式向行政机关提交拟好的规范文本，甚至可以进一步地要求各参与方签字保证以后不会违反所达成的“共识”。行政机关有权审查委员会提交的草案文本，确保其不违反现行法律的要求，也不会与自身的法定义务相违背。[①] 无论是根据传统的公法理论，还是依据相关制定法的授权，行政机关依然是规章制定活动的权威机关，其自然有权力对草案文本予以修订，但应将相应修订通知各参与方。

行政机关对规范本文审查完毕之后应按照法律规定将其公告在《联邦公报》上，以便于公众提交评论。公告这一环节是协商行政立法程序与传统通告—评论程序的连接点，行政机关在借助协商性机制获得规范文本后，仍须遵循美国《联邦行政程序法》的规定进行后续活动。换言之，如果将协商式规制程序看作是对行政立法活动的创新，那么该创新实际上是一种“增量创新”，即在不减损既有机制的基础上增设程序要求。因此，在进入通告—评论程序后，行政机关依然可能收到来自外界的大量评论，并须对这些评论予以检视和考虑。尽管行政机关此前同样许诺不会违背“共识”，但来自外界的评论完全有可能会提出足以改变行政机关立场的观点，使其决定对“共识”文本予以重大修改乃至废弃。

此外，共识的达成并不必然意味着协商委员会任务的结束。作为协商式规制的程序主持者，调解人或辅助人需要协助参与协商的各方代表获得其所代表的利害关系人对草案文本的支持，该寻求确认和支持的活动可能持续至公告期间。与此同时，当收到外界评论时，基于与协商参与方保持良好沟通和互信的需要，行政机关也可能会邀请协商委员会对相关评论进行评估。

简而言之，行政机关将协商委员会的“共识”文本通过通告—评论程序公之于众，这意味着协商式规制主要程序的结束。协商性机制的目的是形成共识，以之作为部门规章的草案文本，公告则将该文本顺利地“送进”了传统程序。行政机关固然有权也有可能对上述文本进行修改，但在经历了一系列的协商活动之后，规章制定程序的传统结构已悄然发生了变化。

---

① Administrative Conference of the United States, Negotiated Rulemaking Sourcebook, 1995, p. 230.

## 三、行政机关在协商机制中的角色与作用

由于协商式规制在一定程度改变了传统的行政立法结构，行政机关的角色和作用也难免有所变化，而就传统理念对行政机关主导地位的强调而言，这一变化颇值得玩味。

### (一)平等的协商参与者

根据前文对“共识”的界定以及协商式规制程序的制度安排，有关行政机关在协商委员会的活动中并不具有优越地位。在协商委员会的活动过程当中，行政机关往往会指派一名职务较高的公职人员作为代表全程参与协商，并在大大小小的会议中说明行政机关的立场和观点，而后在最后的共识形成阶段投出与其他参与方权重相等的一票。一言以蔽之，行政机关是协商式规制的平等参与者。

虽然行政立法的协商程序本身是由相关行政机关启动的，亦即，在此前的召集阶段随处可见行政机关的身影，但是，一旦建立协商委员会并开始对相关事项进行讨论，行政机关在其他参与方面前仅是平等的协商谈判对象，它既不能凭借行政权力强迫他方接受自己的观点和意见，也不能将与自身立场不符者排除出委员会。同时由于协商委员会的活动基本是由中立的调解人或辅助人组织和主持，行政机关在协商活动的程序方面也并不具有任何优势地位，无法通过程序的变通来实现自身意图。此外，如果转换一下视角，从其他参与方的角度重新将目光放在“共识”上，人们会发现“平等参与者”具有另外一层含义，即协商过程的其他参与方拥有与行政机关同等的力量，同样可以对拟议“共识”予以“一票否决”，这种相互审视、互动中的平等才是协商式规制制度的核心。

无论是非正式的通告—评论程序也好，抑或接近于司法审判结构的正式程序也罢，在规章制定的传统程序结构中，行政机关始终居于主导地位，它既是程序推进的组织者和动力，也是实体性问题的判断者；既需要根据法律规定，维护整个规章制定程序的有序进行，亦需要独立决定拟议法律规范的内容，并在程序终点处颁布具有实质约束力的法规、规章。可见，行政机关在传统规章制定文本形成机制模型中，其所处的位置类似于平面中三角形的顶角，与规制事项相关的各利害关系方则处于三角形的底角或分布于底线上(如图 3)，各方固然可以向居于顶角的行政机关提供事

实材料与信息，可以表达自身观点与诉求，但缺乏对相关行政活动施加实质影响的制度渠道，同时也缺乏相互沟通和交流的管道，故而仍然处于行政机关对规章制定程序的主导之下。

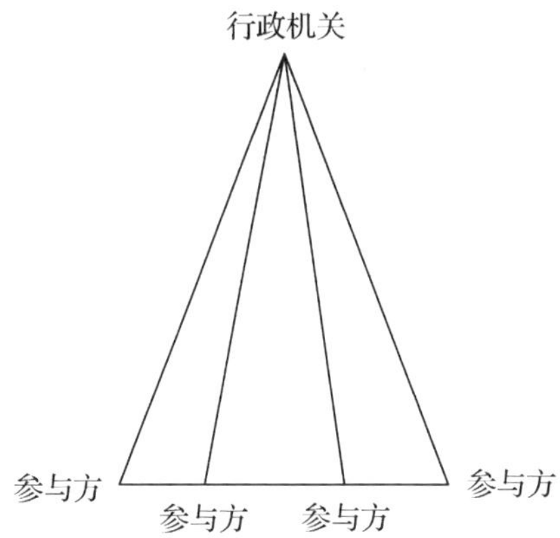


**图 3　行政机关在传统规章制定文本形成程序中的地位**

而在协商式规制的机制模型中，行政机关与各参与方所形成的互动结构近似于正多边形(如图 4)，行政机关只是普通的协商主体，而各参与方除可以就相关事项提出自身主张以及事实依据以外，还能够进行平等的交流与互动。作为这正多边形的普通“一角”，行政机关无法自行塑造拟议法律规范的实质性内容，而是必须与各参与方通力合作，为达成最终的共识而努力。

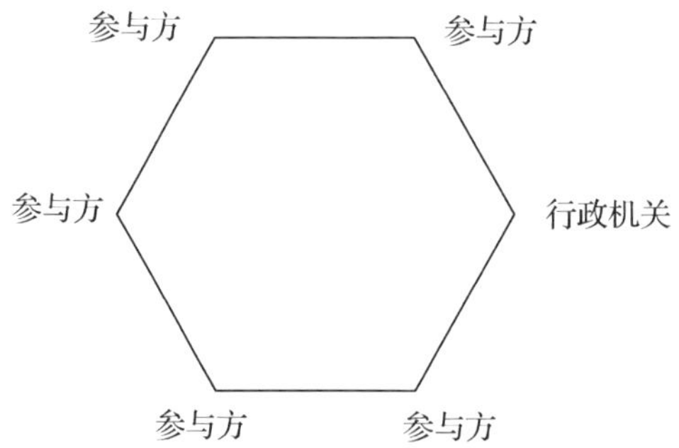


**图 4　行政机关在协商式规制文本形成程序中的地位**

**(二)协商机制的外部保障者**

协商行政立法的各利害关系方未必都具备充分的协商能力，对于协商经验和能力不足的参与方而言，协商性机制或许反倒不如传统方式便捷、有利，在协商委员会“温情脉脉”的平等表面下，暗藏的可能是强势者以势压人的不平等。因此，作为国家资源的执掌者代表，为了确保协商机制的平等理念得以落实，同时也是为了有助于协商活动的有效进行，行政机关应当为参与协商委员会的各利害关系方提供培训，并在一定情况下为弱势一方提供资助。

行政机关为确保协商顺利有效进行，所提供的培训通常发生在正式协商开始之前，其主要目标包括：提高各参与方的协商技能、促使各方相互了解并建立起有建设性的关系、通过实例或模拟情景展示达成共识的技巧、使协商调解人或辅助人对各方互动过程有所了解，以及为协商机制的运作提供共同的活动语言和程序。由于这类培训一般发生在协商开始的前一天，仅耗时 4 至 6 个小时，对此，尽管美国行政会议承认短暂的培训无法“将初出茅庐者转变为专业谈判者”，但有限的培训机会仍然能够为各参与方提供有益的协商与沟通方法。譬如，美国国家环境保护局认为，各方在协商过程中确实运用了此前培训所教授的技能和方法，可见培训对协商的运作乃至最后的成功起到了作用。[①] 值得注意的是，虽说培训是针对全体参与方的普遍性活动，但对于协商经验和能力较为不足的弱势方，培训不仅是确保协商活动顺利进行的客观方法，而且也是弥补自身不足的有效渠道，从而有助于缩小各参与方的能力差距。[②]

从相对弱势一方的角度来看，比普遍性的短暂培训更有意义的乃是行政机关所提供的经济资助。协商式规制的制度基础是将所有利害关系方或其利益代表都纳入到具体的协商机制，组成协商委员会对相关事项进行讨论，并最终达成共识。由于某些利害关系方，如环境保护领域中的环保公益组织所拥有的资金和能力有限，它们可能难以承担参与协商活动的各项成本。这些成本既包括协商会议期间的日常开销，也包括为表达自身观点、反驳他方意见而收集并提交相关事实材料的支出等，协商成本的高企将直接阻碍它们参与到协商机制中来。[③] 对此，无论是基于协商式规制理

---

① Administrative Conference of the United States, Negotiated Rulemaking Sourcebook, 1995, pp. 193－195.

② Lawrence Susskind, Gerard McMahon, “The Theory and Practice of Negotiated Rulemaking,” *Yale Journal on Regulation* 3, No. 133(1985): 154.

③ Laura I. Langbein, Cornelius M. Kerwin, “Regulatory Negotiation versus Conventional Rule Making: Claims, Counterclaims, and Empirical Evidence,” *Journal of Public Administration Research and Theory* 10, No. 599(2000): 691.

念本身维护(实质)平等的要求，抑或是出于确保协商机制能够充分体现各方观点的考虑，行政机关皆应当努力为弱势方提供经济方面的资助。具体而言，行政机关可以运用配套的行政经费设立基金，在此基础上引入与相关事项不存在利益冲突的外部资金，一方面可以用该项基金资助公益组织等弱势方积极参与协商，扫除其后顾之忧；另一方面，行政机关可通过包括弱势方在内的协商委员会制定有关该项基金的使用指南，对关键的事实问题进行独立的调查和分析，以此确保相关事实材料和信息的客观性和真实性，同时也能够打消弱势方对自身经济能力不足而无法有效参与协商的顾虑。①

综上所述，尽管作为“增量创新”的协商式规制制度并未在形式上突破1946年美国《联邦行政程序法》对规章制定程序所设定的框架，非正式规章制定程序的“通告—评论”机制也未曾被打破或是取代；也尽管经过多年的发展，该制度对确保各利害关系人的平等参与颇为重视，甚至为弱势方的参与提供了便利条件，从而充分地体现了行政权的开放性和公共性特征，与公共参与理念和精神相契合。但是，在表面的融洽和长处之下，潜藏的是更为深刻的理念性与结构性裂痕。这一裂痕着重体现于行政机关在协商式规制程序中的地位和作用上，规章制定程序从传统方式转向协商性机制，这当中所发生的结构与制度变化不仅仅是技术性的，譬如，行政机关拥有了更为全面的信息收集渠道或是能借此节省劳动量，而且更是规范性的，即行政权理应优越且不可妥协的传统运作理念受到了挑战。事实上，正是这些裂痕与变化使得协商式规制制度在理论总结和制度实践中遭遇了极大的争议，相关争议直至今日依然不曾平息。

## 四、协商式规制的制度现状与未来价值

### (一)制度现状

协商式规制并非包治百病的“灵丹妙药”，即使是哈特等数十年如一日的坚定支持者也不认为它能适用于所有情形。事实上，有学者经统计发现，自二十一世纪以来，该制度的运用次数似乎正逐渐减少，不过，这并不意味着该制度实践的失败，更无法表明其理念的破产。

---

① Lawrence Susskind, Gerard McMahon, “The Theory and Practice of Negotiated Rulemaking,” *Yale Journal on Regulation* 3, No. 133(1985): 161.

任何制度的有效性都需要一定条件，就协商行政立法而言，即使是在能够充分发挥其优势的领域，如环境领域，也需要考量一系列条件以促使该制度在应对具体问题时能够顺利实施。譬如，有学者专门总结了哈特以及美国行政会议的分析，认为有八项先决条件尤为值得注意，即必须使利害关系方觉得协商性机制比其他方式更为有利、各参与方力量均衡、参与方的数量有限、争议事项清楚且各方已做好解决问题的准备、信念或价值的分歧未达到不可调和的程度、争议事项在两项以上、存在截止期限的压力以及存在各方均能接受的落实最终协议的方法。[①] 根据美国联邦《行政程序法》的规定，规章制定程序大体可分为正式程序和非正式程序，除非法律明确规定某项规章的制定需要通过听证会并由制定部门根据听证会笔录制定(on the record)，否则，制定部门在制定规章时可以采用非正式程序，这意味着，多数规章制定采用的是非正式程序。但是，这不意味着规制对象必然愿意采用看似更为便捷的非正式程序。基于避免事后争议等各种事由的考虑，企业等规制对象有时反倒会倾向选择正式程序。[②] 因此，若规制对象认为协商式规制程序制度更有助于实现其长期利益，那么，相关规章采用该程序制度的可能性和成功率就越大。此外，参与方力量相对均衡等其他先决条件直接关系到通过协商过程达成合意的难度，很难说有哪个先决条件会独立钳制协商式规制程序制度的持续发展。这些先决条件的驳杂可能会在微观层面上加剧协商性机制的施展难度，会迫使行政机关或召集人避免采用这一制度，但它在近年来运用次数的减少更大程度上是宏观因素所导致的。

如前所述，联邦行政机关在 1991—1999 年间总共发布了 63 个建立协商委员会的公告，其中只有 23 个是制定法强制性规定所要求的；而在 2000—2007 年间，联邦行政机关仅发布了 22 个公告，其中有 15 个是制定法的要求，从中似乎可以反映出如今的行政机关已不大愿意主动采用协商性机制。就宏观因素而论，为什么会产生这一现象？学者杰弗里 · 吕贝尔斯(Jeffrey S. Lubbers)认为大致可归结于以下六项原因：

①美国行政会议在 1995 年失去了国会的财政支持。作为协商式规制制

① Lawrence Susskind, Gerard McMahon, "The Theory and Practice of Negotiated Rulemaking," *Yale Journal on Regulation* 3, No. 133(1985): 138—140.

② [美]杰弗里 · 吕贝尔斯：《美国规章制定导论》，江澎涛译，北京：中国法制出版社，2016 年版，第 37 页。

度的倡导者和主导机构，美国行政会议此前一直是该制度发展与完善的主要推手。此后，虽然克林顿政府通过12866号行政命令设立了“规制事务委员会(Regulatory Working Group)”以代替美国行政会议发挥相应作用，但它在小布什政府时期似乎没有发挥作用。

②财政紧张限制了行政机关更多地采取协商性机制来解决规章制定问题。由于各参与方之间存在能力不同、资源不等的情况，行政机关有责任运用自身的财政资源辅助相对弱势方更为有效地参与到协商过程当中。但财政资金的有限迫使行政机关无法充分发挥辅助作用，这便约束了协商性机制的应用。

③作为管理和预算局(Office of Management and Budget)的内设机构，信息和规制事务办公室(Office of Information and Regulatory Office)并不热衷于协商式规制的制度实践。之所以如此是因为它在传统程序中可以对拟议规范进行审查，而在协商式规制中则难以对这些规范予以修改，这便增加了它的工作难度。

④协商式规制制度同样需要遵循《联邦咨询委员会法》的要求，该法对章程、委员会结构平衡以及公开性的要求，或使行政机关为了减少麻烦而不愿意选用该制度。

⑤协商式规制制度的软化和异化，即行政机关基于种种原因，逐渐转向采用不那么正式的协商方式来解决问题。如曾是该制度实践先锋的环境保护局便有转移工作重心的迹象，转而采用公共会议和事务组的方式来践行协商理念。

⑥持反对立场的学者长期以来的批评也产生了一定的影响。[①]

然而，值得强调的是，上述现象和消极原因的存在并不能推导出协商式规制制度的衰退或是失败。联邦行政机关减少运用协商性机制的次数，或许反倒说明了人们需要进一步排除制度实践的障碍。实际上，早在该制度在联邦层面的产生伊始，包括缅因、纽约、马萨诸塞、亚利桑那、科罗拉多、弗吉尼亚在内的许多州几乎在同一时期已经展开了相应的实践。如在1987年，新墨西哥州便明确运用协商式规制制度制定了与石油地下储备仓库相关的法规。而根据美国行政会议1995年的调查结果，当时已经有若

① Jeffrey S. Lubbers, “Achieving Policymaking Consensus: The (Unfortunate) Waning of negotiated Rulemaking,” *South Texas Law Review* 49, No. 987(2008): 996—1005.

干个州的立法机关考虑过制定有关协商行政立法的法律。[①] 各州的立法与实践在二十一世纪继续得到发展，蒙大拿、内布拉斯加与得克萨斯三个州均在二十一世纪效仿联邦制定了以“协商式规章制定法”命名的州法，而至少有佛罗里达、爱达荷、俄克拉何马、华盛顿、印第安纳以及纽约等六个州对此采取了授权或鼓励措施。[②] 此外，还有不少州的官方或半官方机构在对现行行政立法体系进行考察，并对未来提出改进建议时，将协商性机制纳入考虑范围。例如 2011 年，加州的小胡佛委员会(Little Hoover Commission)在一份有关改善行政立法活动的研究报告中，便涉及了有关协商式规制的内容。[③]

由此可见，协商行政立法在美国依然处于制度的发展和完善期，并正在向州的层面扩展。由于美国是联邦制国家，可以想到，随着各州相应立法的实施，该制度的应用范围会得到进一步的拓展，它会随着各州行政程序法的实践走向州行政机关乃至地方政府。

**(二)未来价值**

就未来而论，通过协商式程序制定规章的程序设计，其核心价值在于重塑了政府规制活动的正当性基础。无论是规章制定的正式程序还是非正式程序，都不是以共识为基本导向的。利害关系方固然可以参与联邦政府部门的规章制定活动，可以充分表达意见，甚至可以在获取政府信息的基础上，寻求近似于司法审判的听证会程序，以此来提高最终规章内容与其意愿的契合度，但是，由于现代规制国同时叠加了风险社会的特征，各种风险的存在使得利害关系更为复杂，规制部门的平衡难度大大增加，而且会受限于自身的理性能力，难以作出更具稳定性的科学、合理方案。在该背景下，一般性参与的程序价值被削弱了。过去通常认为，在规制部门的完全主导下，参与有助于规制部门收集信息、协助作出科学合理决策、缓和不同利益群体的矛盾、提升规制对象对最终结果的接受度等，同时也能够在对立法机关授权存有一定疑虑的情况下，补正规章制定的合法性，即

---

① Administrative Conference of the United States, Negotiated Rulemaking Sourcebook, 1995, pp. 369—372.

② Ronald M. Levin, "Rulemaking under the 2010 Model State Administrative Procedure Act," *Windener Law Journal* 20, No. 855(2011): 867.

③ Little Hoover Commission, Better Regulation: Improving California's Rulemaking Process, 2011, p. 16.

用一个后续行政程序的开放性来补充前段立法环节代表性的相对不足。然而，在规制的世界里，参与同样可能带来看似矛盾的两个方面：

一方面，参与可能带来激烈的对抗。在科技、经济等诸多领域，难有确定解决方案的风险将原本没有关联的利害关系方联系在一起，因利益冲突，使得各方在规章制定程序中均不易妥协，并可能引发规制部门之间的争论，这在相当程度上会拖慢规章制定的进度，也可能会影响具体规章的质量。譬如，自动驾驶技术的出现和应用涉及传统汽车产业、新兴技术和系统开发企业以及各类道路交通参与者的利益，且因机动车行驶势必会造成一定人身、财产损失，利益冲突显而易见。在规制设计过程中，以上利害关系方的激烈争论是现实存在的，其背后涉及规制部门至少包括产业促进部门、市场监管部门和道路交通安全部门。产业促进部门偏好新兴技术的开发和利用，市场监管部门更加关注垄断和不正当竞争问题，道路交通安全部门则容易担心新兴技术的负外部性。在规章制定过程中，不同利益群体的争论和对抗将反映乃至强化这些偏好和关注焦点。

另一方面，参与也可能是不足的。规制部门完全主导下的参与能够对最终规章内容产生多大的影响，这也是公共参与研究者一直关注的问题。有研究者将各类参与进行了类型化划分，首先，规制过程中参与的价值应先得到承认，随后才是对参与形式的具体考察。具体来说，根据参与对最终决定的影响力大小，可以将参与分为8类，影响力最小的可称之为操控，即规制部门对规制对象参与程序的操控，排在其后的分别可称之为驯化、告知、咨询、安抚、合作、授权和公民控制。实质意义上的参与应表现为公民权力(citizen power)，而非公民权利(civil right)。[①] 就当前行政程序法的制度设计来看，参与被置于利害关系方的程序性权利语境中，如美国联邦《行政程序法》针对规章制定的非正式程序规定，无论是否允许利害关系方进行口头陈述，均应当赋予其提交书面材料、观点和意见的机会，[②] 按照前述8类参与形式的划分，应属其中的“咨询”。如果规章制定部门没有做到这一点，会被视为侵犯了利害关系方的程序性权利，有违正当法律程序原则的要求。将参与设计成程序性权利，有助于相关当事人寻求救济，

---

① Sherry R. Arnstein, “A Ladder of Citizen Participation,” *Journal of the American Institute of Planner* 35, No. 4(1969): 216－224

② 《美国法典》第5编，第553节，第C项。

但也会带来参与强度不足的问题。参与的影响力大小在相当程度上是一个事实问题，特定的制度设计有助于强化其影响力，却不适合将其统一拟制为可以寻求救济的权利。否则，一旦当事人愿望落空，就有可能发动诉讼来确保对规制结果的影响力，在涉及利益相反的多个利害关系方时，这极易引发混乱。尽管如此，利害关系方仍然希望通过某种方式确认其参与到规制最终结果，如规章最终内容的影响力，这也使得参与不足不时成为亟待破解的问题。

协商式规制制度则介于合作与授权之间，它打破了形式性参与，推动规章制定活动迈向规制部门与规制对象的“平等协商”，至少是在草案文本形成这一有限程序环节的平等协商。从参与到协商的机制设计，并非程序性权利的简单强化，甚至关键点并非权利问题。根据“规制空间（regulatory space）”理论，在规制实践中，关键规制资源往往处于碎片化状态，有效的规制又需要相应规制主体掌握规制权限，二者存在矛盾。规制主体掌握来自立法机关的传统行政权力，但规制对象可能握有信息、技术、财富和组织等方面的资源能力。因此，规制策略便包含极其广泛的协商过程，规制部门也未必高高凌驾于规制对象之上。[①] 规制部门基于立法机关的授权获得规制权限，实施规制活动，属于正式的权力。正式的权力是行政法通常所说不平等法律关系的制度起源。规制对象则拥有信息、组织等优势，尤其是在新兴领域，规制部门对新事物的规制属性、必要性、可行性等了解甚少，甚至自身既有的组织机构和执法能力不足以胜任规制活动的需要，因而需要部分依托规制对象的信息、组织等优势。后者的此类优势属于非正式的权力。典型如在对平台经济的规制设计中，基本的架构都是规制部门为平台企业划定反不正当竞争、数据安全、个人信息保护等基本边界，由平台利用自身的信息、组织等优势对数量极为庞大的经营者进行更为具体的日常管理，规制部门对分散经营者的规制几乎难以离开平台的规则设计。以我国 2019 年 1 月实施的《中华人民共和国电子商务法》为例，其第三十一条规定了平台的信息记录义务，“电子商务平台经营者应当记录、保存平台上发布的商品和服务信息、交易信息，并确保信息的完整性、保密性、可用性。商品和服务信息、交易信息保存时间自交易完成之日起不少

---

① ［英］科林·斯科特：《规制、治理与法律：前沿问题研究》，安永康译，北京：清华大学出版社，2018 年版，第 31—32 页。

于三年；法律、行政法规另有规定的，依照其规定。”平台的信息记录将直接帮助规制部门在必要时针对特定经营者采取相应的规制措施，信息保存期不少于三年，与《行政处罚法》所规定的两年处罚时效大致相称，[①] 通常情况下也能避免因信息保存时间过短带来的执法不便难题。

用斯科特所主张的“规制空间”理论来观察通过前述协商方式制定部门规章的制度机制，可以发现其两类价值。一是功能主义的价值，即在某些特殊的规制场景中，规制部门如果仅仅只是通过程序参与的方式收集信息和分析，进而制定规章，最终的规制效果恐怕未必好，规制对象对相关规章的遵从度也可能相对较低。通过协商式规制制度，在草案文本的形成过程中，规制对象则有正式的渠道以一种更为平等的方式，将自己掌握的规制资源注入其中。规制部门也可以从意欲实现的规制目标出发，与规制对象相互协商和沟通，寻找更加具有可操作性的规制方案。由此制定的规章也更有可能引入规制对象的非正式权力，包括充分使用规制对象的信息、技术等优势，确保立法机关的立法目的不致落空。

二是规范主义的价值，在现代规制国，立法机关对规制部门的控制力衰减是一个客观现象，反映出可问责性的降低，并引发了持续的合法性质疑，这一点在属于行政立法的规章制定领域尤为强烈。在从参与到协商的程序机制调整中，协商式规制制度蕴含着一种规范内涵，即利害关系方参与协商，形成共识并向规制部门提交草案文本，更近似于“规制空间”中非正式权力的行使。这一来有助于约束规制部门，防止其通过规制活动追求其自利性目标。这对于规制权过大且不易受到立法机关约束的规制部门，如美国的独立规制机关，显得尤为必要，可以进一步提升规制部门的可问责性。二来由于在草案文本形成领域里重新分配了规制权限，规制部门以外的更多主体得以进入规制过程，如斯科特所说，要进行规制俘获将变得更加困难，而且多个规制主体的存在也将使得对某个主体如规制部门的俘获变得更加容易被发现。[②]

在经历了近四十年的发展实践后，以共识形成机制为核心所构建的协

---

① 2021年修订的《行政处罚法》第三十六条第一款规定，违法行为在二年内未被发现的，不再给予行政处罚；涉及公民生命健康安全、金融安全且有危害后果的，上述期限延长至五年。法律另有规定的除外。

② [英]科林·斯科特：《规制、治理与法律：前沿问题研究》，安永康译，北京：清华大学出版社，2018年版，第41页。

商模型对缓和当前行政法的困境，尤其是规章制定等行政立法活动所产生的危机依然极具价值。行政机关在协商性机制中的“自跌身份”实际上是在挽回正日渐流失的正当性，不仅在功能意义上寻求增强规制对象遵从度和防止偏离规范的基本方法，而且在规范意义上确保规制部门的可问责性，能够基于利害关系方的参与协商获得正当性补充。一方面，作为“增量改革”的协商机制并不会对既有的通告—评论这一法定程序构成规避；另一方面，借助行政机关角色的变化，它有助于缓解传统程序中的对抗色彩，弥补现有公共参与机制的不足。因此，尽管协商式规制制度针对的只是行政活动中的行政立法这一环节，但其围绕“共识”的制度设计，赋予参与方更大影响力的做法对整个行政权的运作均具有启发意义。从“规制空间”理论来加以审视，作为一个样本，协商式规制制度代表了美国行政法学界和实务界对规章制定乃至整个传统规制程序的反思，即便在实践中不能完完整整地复制和拓展，但也昭示了规制改革的多种可能性，暗含未来行政法的发展新路径。

## 五、对我国的启示

近十余年来，我国行政法学界对规制理论的研究愈渐深入，法学色彩也逐渐浓厚，其中，很重要的一个原因便是规制改革实践活动十分活跃。在政府职能转型和优化市场资源配置机制过程中，规制理论及其对应的法学理论，为规制主体设置、规制权责划分、规制手段选择、规制程序设计等提供了重要的观察分析视角。在我国，包括行政规章在内的行政规范性文件同样是相关规制部门实施规制活动的重要依据。2023 年 3 月实施的《中华人民共和国立法法》(以下简称《立法法》)专门有一节名称即为“规章”，合计七条，同时规范部门规章和地方政府规章。我国宪法第九十条第二款规定，“各部、各委员会根据法律和国务院的行政法规、决定、命令，在本部门的权限内，发布命令、指示和规章。”《立法法》第八十条强调，“部门规章规定的事项应当属于执行法律或者国务院的行政法规、决定、命令的事项。”可见，部门规章在我国具有宪法地位，作为行政立法，其属性应为执行性立法，即应当执行上位法的内容，并不存在像地方政府规章那样自主创设的空间。根据《立法法》第八十二条的规定，省、自治区、直辖市和设区的市、自治州的人民政府有权针对“属于本行政区域的具体行政管理事项”制定规章。[①] 两者比较，这是部门规章权限力有未逮之处，由此也意味着作为规制活动的重要依据，部门规章应当与法律、行政法规具有更为紧密的联系，其与立法机关的合法性链条需要接受更为严格的审视。

《立法法》第九十六条规定了对包括部门规章在内的合法性审查标准，若存在超越权限、违反上位法规定、不一致、不适当以及违背法定程序的，有关机关有权予以改变或撤销。在实践中，《行政处罚法》、《行政许可法》、《行政强制法》(2012 年 1 月施行的《中华人民共和国行政强制法》简称《行政强制法》)则有更为细致和严格的要求，将约束和规范规制部门通过制定部门规章进行规制。考虑到本章聚焦于从参与到协商的规制权限分配问题，而非规章等行政立法活动如何确保与立法机关授权的合法性链接，本章对此不予展开讨论，只是想在这里指出，在我国，规章等行政立法虽然同样可以成为规制活动的依据，但也同样面临一定程度的合法性链接质疑。因此，如何通过制定程序设计来回应这些质疑，提高规章内容质量，提升相应规制活动的有效性，上文协商式规制制度及其规制权限分配的理念可以提供一些启示。

首先，规制部门在规章制定时应当建立标准来有效地识别利害关系方。利害关系方不限于规制对象，还可能包括其他一些利益群体，如果不能有效地听取这些群体的意见，规章的最终内容可能无法充分反映各方意见，影响规制效果。根据 2017 年 12 月国务院修订的《规章制定程序条例》的规定，我国规章制定分为立项、起草、审查、决定和公布等五个环节，制定完毕后进行备案。根据该条例第十五条的规定，在起草环节，制定主体应当“广泛听取有关机关、组织和公民的意见。听取意见可以采取书面征求意见、座谈会、论证会、听证会等多种形式。”如果“起草的规章涉及重大利益调整或者存在重大意见分歧，对公民、法人或者其他组织的权利义务有较大影响，人民群众普遍关注，需要进行听证的”，还应当采用听

① 2023 年 3 月实施的《中华人民共和国立法法》第八十二条第一款规定，“省、自治区、直辖市和设区的市、自治州的人民政府，可以根据法律、行政法规和本省、自治区、直辖市的地方性法规，制定规章。”其第二款规定，“地方政府规章可以就下列事项作出规定：(一)为执行法律、行政法规、地方性法规的规定需要制定规章的事项；(二)属于本行政区域的具体行政管理事项。”

证会的形式听取意见。① 到了审查环节，制定主体应当再次听取有关群体的意见，如果规章送审稿“涉及重大利益调整的，法制机构应当进行论证咨询，广泛听取有关方面的意见。论证咨询可以采取座谈会、论证会、听证会、委托研究等多种形式。规章送审稿涉及重大利益调整或者存在重大意见分歧，对公民、法人或者其他组织的权利义务有较大影响，人民群众普遍关注，起草单位在起草过程中未举行听证会的，法制机构经本部门或者本级人民政府批准，可以举行听证会。”②有些主管机关在制定本部门的规章制定程序规定时，如 2019 年 6 月施行的《国家市场监督管理总局规章制定程序规定》和 2002 年 3 月施行的《税务部门规章制定实施办法》等，也会强调要在起草、审查环节采取书面意见、座谈会、听证会等方式听取意见。但是，对于如何识别和选择利害关系方，2018 年 5 月施行的《规章制定程序条例》则未有规定，只是要求要“广泛”听取有关方面的意见。现行有效的《中国民用航空总局规章制定程序规定》《科学技术部规章制定程序的规定》《证券期货规章制定程序规定》《中国人民银行规章制定程序与管理规定》等也没有相应规定，只有 2022 年新修订的《国家市场监督管理总局规章制定程序规定》注意到了这个问题，其第三条第四款规定，“制定与企业

---

①　2018 年 5 月施行的《规章制定程序条例》第十六条　起草规章，涉及社会公众普遍关注的热点难点问题和经济社会发展遇到的突出矛盾，减损公民、法人和其他组织权利或者增加其义务，对社会公众有重要影响等重大利益调整事项的，起草单位应当进行论证咨询，广泛听取有关方面的意见。

起草的规章涉及重大利益调整或者存在重大意见分歧，对公民、法人或者其他组织的权利义务有较大影响，人民群众普遍关注，需要进行听证的，起草单位应当举行听证会听取意见。听证会依照下列程序组织：

（一）听证会公开举行，起草单位应当在举行听证会的 30 日前公布听证会的时间、地点和内容；

（二）参加听证会的有关机关、组织和公民对起草的规章，有权提问和发表意见；

（三）听证会应当制作笔录，如实记录发言人的主要观点和理由；

（四）起草单位应当认真研究听证会反映的各种意见，起草的规章在报送审查时，应当说明对听证会意见的处理情况及其理由。

②　《规章制定程序条例》第二十二条　法制机构应当就规章送审稿涉及的主要问题，深入基层进行实地调查研究，听取基层有关机关、组织和公民的意见。

第二十三条　规章送审稿涉及重大利益调整的，法制机构应当进行论证咨询，广泛听取有关方面的意见。论证咨询可以采取座谈会、论证会、听证会、委托研究等多种形式。

规章送审稿涉及重大利益调整或者存在重大意见分歧，对公民、法人或者其他组织的权利义务有较大影响，人民群众普遍关注，起草单位在起草过程中未举行听证会的，法制机构经本部门或者本级人民政府批准，可以举行听证会。举行听证会的，应当依照本条例第十六条规定的程序组织。

生产经营密切相关的规章，在制定前、制定过程中和立法后评估中要听取企业和行业协会商会意见。”据此，企业和行业协会商会是被识别出来的利害关系方，其意见可以法定方式进入规章制定过程。该规定第十五条规定，“选择参加论证咨询的机构和人员，应当注重专业性、代表性、均衡性。”可见，在识别利益群体时，应注重把握代表性和均衡性标准。

其实，早在2019年3月，国务院办公厅便发过《关于在制定行政法规规章行政规范性文件过程中充分听取企业和行业协会商会意见的通知》(国办发〔2019〕9号)，通知要求在制定行政法规、规章、行政规范性文件时，“对不同企业、行业影响存在较大差别的，要注重听取各类有代表性的企业和行业协会商会的意见，特别是民营企业、劳动密集型企业、中小企业等市场主体的意见，综合考虑不同规模企业、行业的发展诉求、承受能力等因素；涉及特定行业、产业的，要有针对性地听取相关行业协会商会的意见；涉及特定地域的，要充分考虑当地经济社会发展水平和产业布局特色，充分听取地方行业协会商会、律师协会的意见。听取企业意见时，要注重听取企业内部不同层级代表特别是职工代表的意见。”这当中对规章制定过程中的利害关系方提出了更为具体的识别标准，如民营企业等。然而，上述有限的利害关系方识别标准仅在市场监管领域存在，缺乏普遍性，国务院办公厅的前述通知将“对不同企业、行业影响存在较大差别”作为适用前提，至于何为“较大差别”，仍然具有相当程度的模糊性。事实上，每一部规章的制定，必然涉及众多利害关系方，并不因规制领域是否属于市场监管事项而异，也不因是否涉及企业等商事主体而异。一部处于制定过程中的规章，可能既涉及企业等商事主体，也会对商事主体以外的其他组织、个人产生巨大影响，后者同样需要根据一定标准被纳入制定过程。

其次，规制部门应当在规章制定过程中融入更多的平等协商因素。在规制形成中，利害关系方的参与不应是被动和单向度的，他们不能仅限于做信息的提供者，而应该在相应的机制渠道中与规制部门进行沟通和互动，为规章文本内容的最后确定提供各类资源，并延续到规章制定完毕后的规制实施阶段。2018年5月施行的《规章制定程序条例》对起草、审查环节听取意见的规定较为简单，可以用来作为分析对象的是听证会机制。从该条例第十六条规定来看，听证会基本上是一个听取意见而非协商讨论意见的程序机制，制定主体提前30日公布听证会的时间、地点等信息，参与者事中表达问题和意见，制定主体在听证会结束后研究相关意见。2019年6月施行的《国家市场监督管理总局规章制定程序规定》等部门规章也没有有别于此的规定。作为一个有趣的对比，2018年5月施行的《规章制定程序条例》提及协商时，还是遵循规制部门掌握占据所有规制权限的思路，并非指向规制部门与规制对象的协商，而是不同规制部门之间的协商。比如，其第十七条第二款规定，“起草地方政府规章，涉及本级人民政府其他部门的职责或者与其他部门关系紧密的，起草单位应当充分征求其他部门的意见。起草单位与其他部门有不同意见的，应当充分协商；经过充分协商不能取得一致意见的，起草单位应当在上报规章草案送审稿(以下简称规章送审稿)时说明情况和理由。”在这里，能够就拟规制事项进行平等讨论沟通的是不同的规制部门，规制对象不在此列。这种对协商概念内涵的垄断性理解在2019年9月施行的《重大行政决策程序暂行条例》中被部分打破，虽然该条例第十三条规定决策事项涉及多个行政机关的职责，应当进行协商，[①] 此处的“协商”还是指不同规制部门的讨论沟通。但是，其第十四条又规定，决策事项涉及特定群体利益的，“决策承办单位应当与相关人民团体、社会组织以及群众代表进行沟通协商”。[②] 这意味着，可能受到决策事项影响的规制对象亦有权与作为决策者的规制部门进行某种形式平等“协商”。2021年10月发布的《广东省重大行政决策程序规定》第十五条第二款对“协商”也有类似理解，其规定“重大行政决策事项涉及妇女、儿童、老年人或者残疾人等特定群体利益的，决策承办单位应当与相关人民团体、社会组织以及群众代表进行沟通协商，充分听取相关群体的意见建议。”未来在完善规章制定程序制度时，一方面，可以对听证会程序进行一定改造，使其不单纯作为收集意见的渠道，而是增加协商色彩，对其中

① 2019年9月施行的《重大行政决策程序暂行条例》第十三条 决策事项涉及决策机关所属部门、下一级人民政府等单位的职责，或者与其关系紧密的，决策承办单位应当与其充分协商；不能取得一致意见的，应当向决策机关说明争议的主要问题，有关单位的意见，决策承办单位的意见、理由和依据。

② 《重大行政决策程序暂行条例》第十四条 决策承办单位应当采取便于社会公众参与的方式充分听取意见，依法不予公开的决策事项除外。

听取意见可以采取座谈会、听证会、实地走访、书面征求意见、向社会公开征求意见、问卷调查、民意调查等多种方式。

决策事项涉及特定群体利益的，决策承办单位应当与相关人民团体、社会组织以及群众代表进行沟通协商，充分听取相关群体的意见建议。

的关键争议焦点，尤其是事实性问题寻求达成共识的机制；另一方面，可以考虑在听证会程序之外增设协商性程序，如协商会等，处理规章制定中的某些特定问题，如事实性、规制程序性问题等。

最后，规制部门应当增进利害关系方对规章制定的影响力。虽然《规章制定程序条例》在起草、审查环节明确规定了书面征求意见、座谈会、论证会、听证会等多种参与形式，但通过这些形式，利害关系方的参与活动对规章制定的走向和内容能够产生何种程度的影响力，仍有疑问，该条例本身也没有规定任何反馈或采纳机制。稍微往前迈进一步的是2019年6月施行的《国家市场监督管理总局规章制定程序规定》，其规定在起草环节，起草机构要在听取意见后将采纳情况制作成书面报告，要“认真研究采纳各方面意见对规章草案进行修改，形成规章送审稿及其说明”，因此，从送审稿说明中可以看到利害关系方意见的采纳情况。前述《关于在制定行政法规规章行政规范性文件过程中充分听取企业和行业协会商会意见的通知》(国办发〔2019〕9号)则再进一步，针对意见采纳反馈机制不健全问题，单列一项“完善意见研究采纳反馈机制”，其中指出，“各地区、各部门对企业和行业协会商会提出的意见，要认真分析研究，充分考虑其利益诉求以及该利益诉求对其他相关企业、行业的影响，吸收采纳合理的意见。采纳情况要积极运用政府或者政府部门门户网站、移动客户端、微信公众号、报刊等方式向社会公布，或者通过电话、短信、电子邮件、信函等多种方式向有关单位反馈。对相对集中的意见未予采纳的，要通过适当方式进行反馈和说明。”以书面形式记录采纳与否的情况，并通过公开或非公开的特定渠道向利害关系方反馈，这有助于增进利害关系方对规章最终内容的影响力。通常而论，规制部门会因为需要记录和反馈采纳与否而面对理由说明的压力，这容易使得利害关系方的相关科学、合理意见最终进入规章内容。因此，目前较为可行的是，有必要尽快在所有规制领域进一步推行记录和反馈采纳情况的程序机制。在未来，也可以选取特定某些规章，由利害关系方或代表其利益的行业协会、商会与规制部门共同起草和完成制定。

## 六、结语

规制过程中的参与活动早已有之，公法中的正当程序原则会上溯“自然公正"（natural justice），主张规制部门在制定规章等一系列规制活动实施过程中，均需要满足最低程度的参与，如听取规制对象的意见等。行政程序法理会将其中的利益内涵抽出，原本参与是规制对象的一种连续性的动态活动，利益内涵的被抽出就像是连续性的视频影像被抽帧，参与的立意内涵被抽帧为参与权，属于一种程序性权利，该权利存在被司法化的可能性。就规制过程而论，从规制对象一般性的参与，到规制部门与规制对象趋于平等的协商，是规制权限重新分配的体现，用"规制空间"理论来看，就是规制部门正式权力与规制对象可能占有的非正式权力互动交织的过程，规制的法理论和实践恐怕需要直面该过程，给予其更多的关注乃至尊重。规章既是规制部门实施规制活动的结果也是其依据，它是整个规制活动的一个切口，借助美国的协商式规制制度，可以看到规制权限分配的一种尝试，也可以成为比较法的观察对象，推动我国包括规章在内的整个行政规范性文件形成制度的改进和发展。

# 第四章　规制程序开放：专业理性与负担

为实现规制目标，规制部门采取一系列规制措施的步骤、次序、时限、方法的总和，可以被统称为规制程序。立法机关以法律规范的形式设置规制程序，既是为了确保规制部门实施规制活动的科学、有效，提升其效率，也是为了规范和约束规制部门的规制活动，防止出现恣意损害规制对象的合法权益，最终影响规制目标实现的情况。在具体的规制场景中，规制程序有不同的表现形式，它可以表现为行政法规、规章乃至规范性文件的制定程序，如2020年3月施行的《中国银保监会规范性文件管理办法》依序规定了规范性文件的评估论证和起草、合法性审核、批准和公布、解释和清理等四大程序机制；也可以表现为重大决策以及执法决定的作出程序，前者如2019年9月施行的《重大行政决策程序暂行条例》依序规定了决策草案的形成、合法性审查和集体讨论决定、决策执行和调整等程序，后者的典型代表是《行政处罚法》等法律法规规定的行政处罚决定作出程序。与后者相类似的是，美国联邦《行政程序法》也对正式行政裁决的程序规定了最低限度的程序性要求，如要求告知相对人拟作决定的事实和理由、行政法官主持的审判型听证、行政机关调查人员与裁决人员职能分离等。[①] 规制程序通常由规制部门主导，但半个多世纪以来，借由利害关系方程序性的知情权、参与权，借由风险社会带来的风险评估、风险管理要求，规制程序的开放也日渐获得理论和实务界的共识。规制程序的开放可以帮助规制部门更充分地获取各方意见，让整个规制过程更加科学、理性，从而更好地确定规制策略、设计规制框架和制定规制措施，并获得规制对象等利害关系方的认同。从规制程序开放的思路与实践来看，最为常见的两个开放方向就是专业意见和公众诉求。专业意见的代表常常表现为特定规制

① ［美］罗纳德·M. 莱文、杰弗瑞·S. 拉博斯：《行政程序法精要（第六版）》，苏苗罕译，北京：中国法制出版社，2022年版，第150—152页。

事项上的专家(expert)，专家既是一个单数，也可以是一个复数。作为单数的专家通常表现为个人，即对特定规制事项有专业知识的自然人；作为复数的专家则往往表现为专业机构，专业机构是专业知识的汇聚点，如研究院所、科技学会等，是以机构名义参与到开放的规制程序中。规制程序之所以要向专家开放，主要是为了确保规制活动的科学性和正确性。公众诉求包括集中式和非集中式两类，集中式的公众诉求通常会通过一定组织形式表达出来，如特定社会团体、中介组织，非集中式的公众诉求则显得更为分散和难以确定，需要规制部门建立特定的开放程序和机制进行收集、汇总乃至加工。规制程序向公众诉求开放，其核心原因是为了获得公众对规制活动的认同，尤其是规制对象对规制活动的认同。然而，从实践发展来看，前述两个开放方向的规则逻辑和实际作用并非如此泾渭分明。在某些规制场景中，规制部门可能会通过专业意见来谋求公众，尤其是规制对象对规制活动的认同；公众诉求进入规制过程后，也非常有可能提供更为科学、正确的信息，帮助规制部门实现规制目标。在另外一些规制场景中，规制程序的开放可能会带来“双输”的局面，即专业意见并未带来科学、正确的规制活动，公众诉求反倒造成“规制僵局”。因此，与行政法学的传统立论稍有不同的是，规制法方法论驱动的研究分析要求，在考察规制程序的开放时，不能停留在“正当程序原则”具体化，以及将有关群体的参与活动权利化这个阶段。本章将以环境规制程序为例，考察规制程序开放的价值及其负担。

## 一、规制程序开放的两个方向

### (一)问题的提出

改革开放以来，我国的经济、社会等事业的蓬勃发展与政府规制活动具有紧密联系。在政府职能转型中，政府规制一是有可能表现为“去规制”，“去规制”不能与“无规制”画上等号，前者是在削减政府对市场、社会直接指令和计划的背景下，改革不适当和不合法的规制措施，后者是完全排除任何形式的规制活动。例如，根据1997年8月施行的《国务院关于深化“证照分离”改革进一步激发市场主体发展活力的通知》(国发〔2021〕7号)，自2021年7月1日起，要将全国涉及企业经营的许可事项分为四类，即按照“直接取消审批、审批改为备案、实行告知承诺、优化审批服务等四种方式”进行改革，这符合“去规制”的逻辑思路，是将干预较强的许可工具替换成其他规制工具，或是改造许可工具的实施方法，而非“无规制”。二是也有可能表现为加强和优化规制，对于一些负外部性较强的事项，设计采用许可工具予以规范调整，并引入更多的规制活动参与者，提升规制的科学性、合理性和可接受性。

与规制理论和实践相伴随，中国近四十余年来的转型发展历程宛如发达国家数百年工业化历史的微缩，一方面，政府绩效和市场配置资源效率都得到了质的提升，由此带来经济和社会生活水平的巨大进步，另一方面，同样是在经济和社会生活领域中，也产生了不少冲突与矛盾，这两方面相结合既是理解所有规制理论的注脚，也构成了理解我国当下规制策略和方案设计的关键。由于环境保护及其规制问题涉及利害关系方众多，夹杂着专业技术知识和不同利益群体的诉求，同时涉及当下和未来的发展，加之具有风险规制的特征，是当前我国诸多规制模式的“试验场”。在环境规制领域，规制部门既使用了许可证、行政处罚等传统命令—控制模式下的规制工具，也使用了排放权交易等经济激励模式下的规制工具。2021年，国务院发布《国务院关于印发2030年前碳达峰行动方案的通知》(国发〔2021〕23号)，该通知就提出要“发挥全国碳排放权交易市场作用，进一步完善配套制度，逐步扩大交易行业范围。建设全国用能权交易市场，完善用能权有偿使用和交易制度，做好与能耗双控制度的衔接。统筹推进碳排放权、用能权、电力交易等市场建设，加强市场机制间的衔接与协调，将碳排放权、用能权交易纳入公共资源交易平台。”由此可见，环境规制可谓是观察我国规制实践及其法律问题，尤其是规制程序机制和理念变迁的典型切入口。

从更加宏观的视角来看，近二十年来，环境保护议题的重要性在我国处于日渐凸显的趋势。就规制部门的地位而论，2008年，中央层级的环保主管部门由“总局”升格为国务院组成部门，即组建环境保护部，不再保留国家环境保护总局。2018年，第十三届全国人民代表大会第一次会议批准国务院机构改革方案，国务院的生态环境保护职能得到进一步加强和完善，组建了生态环境部，“将环境保护部的职责，国家发展和改革委员会的应对气候变化和减排职责，国土资源部的监督防止地下水污染职责，水利部的编制水功能区划、排污口设置管理、流域水环境保护职责，农业部的监督指导农业面源污染治理职责，国家海洋局的海洋环境保护职责，国务院南水北调工程建设委员会办公室的南水北调工程项目区环境保护职责整合，组建生态环境部，作为国务院组成部门。”[①]2008 年的机构改革是将作为直属机构的环境保护总局“升格”为环境保护部，后者是国务院组成部门。根据 1997 年 8 月施行的《国务院行政机构设置和编制管理条例》第六条规定，“国务院组成部门依法分别履行国务院基本的行政管理职能”，“国务院直属机构主管国务院的某项专门业务”。“升格”后的环境保护部意味着环境保护事项不再仅是“某项专门业务”，而是升级成为基本的行政管理职能，重要性不言而喻。此外，根据 1982 年 12 月施行的《中华人民共和国国务院组织法》的规定，国务院会议分为国务院全体会议和国务院常务会议。其中，国务院全体会议由国务院全体成员组成。国务院工作中的重大问题，要么经国务院常务会议讨论，要么经国务院全体会议讨论决定。[②]因此，环境保护部部长可以作为国务院成员参加国务院全体会议，而此前的国家环境保护总局局长则不具有该身份地位，从中也能看到环境保护事项的重要性提升。

2018 年，新组建的生态环境部更是综合了此前多个部门相关职责，扩大了规制领域，其权限再次提升。在同年，同样是经由第十三届全国人民代表大会第一次会议通过，修订后的宪法新增了多处关于生态文明的表述，不仅在序言中提出要“推动物质文明、政治文明、精神文明、社会文明、生态文明协调发展”，而且在第八十九条“国务院行使下列职权”中的第六项增加了领导和管理生态文明建设的内容。这构成了环境保护领域规制部门完善和强化的最重要规范依据。

在诉讼制度设计方面，全国人大常委会在 2014 年修订了《中华人民共和国环境保护法》(以下简称《环境保护法》)，允许符合法定条件的组织提

---

① 《第十三届全国人民代表大会第一次会议关于国务院机构改革方案的决定》。

② 1982 年 12 月施行的《中华人民共和国国务院组织法》第二条　国务院由总理、副总理、国务委员、各部部长、各委员会主任、审计长、秘书长组成。

国务院实行总理负责制。总理领导国务院的工作。副总理、国务委员协助总理工作。

第四条　国务院会议分为国务院全体会议和国务院常务会议。国务院全体会议由国务院全体成员组成。国务院常务会议由总理、副总理、国务委员、秘书长组成。总理召集和主持国务院全体会议和国务院常务会议。国务院工作中的重大问题，必须经国务院常务会议或者国务院全体会议讨论决定。

起公益诉讼。[①] 在2015年，全国人大又授权检察机关未来两年内在13个省级地区提起民事、行政公益诉讼，环保案件是其中的重点。[②] 2017年，在总结试点经验基础上，全国人大常委会又修订了《中华人民共和国民事诉讼法》(2017年修订版)和《中华人民共和国行政诉讼法》(2017年修订版)，就环境保护事项，允许有关组织和机关提起民事、行政公益诉讼。[③] 在关注度方面，中央、省级政府与社会媒体对环境执法日益重视，并投入许多资源来督促一线执法者依法行政。

即便如此，在经济、社会生活现实当中，因环境保护事项引发的冲突仍处于高频状态，并极为容易引发剧烈的冲突。对此，采用传统法律手段予以回应的规制部门一度显得捉襟见肘，以开放和参与为主要内容的行政程序机制和理念也未能作出有效应对，如PX(对二甲苯)化工项目在各地纷纷招致强烈抵抗，各地方政府在认定民众科学知识存在偏差的情况下，却多半采取缓建、停建等息事宁人的方式，同时辅之以惩戒群体性事件的首恶者这一传统命令式手段，而这并不能确保类似环保议题再次发作时，各方能够进入一个良性轨道，也不能确保科学与民主两种价值相冲突时作出合理选择。

在环境保护领域，现代行政国家的兴起使得规制部门成为举足轻重的

---

① 2014年修订的《中华人民共和国环境保护法》第五十八条 对污染环境、破坏生态，损害社会公共利益的行为，符合下列条件的社会组织可以向人民法院提起诉讼：

(一)依法在设区的市级以上人民政府民政部门登记；

(二)专门从事环境保护公益活动连续五年以上且无违法记录。

符合前款规定的社会组织向人民法院提起诉讼，人民法院应当依法受理。

提起诉讼的社会组织不得通过诉讼牟取经济利益。

② 中央全面深化改革领导小组于2015年6月审议通过的《检察机关提起公益诉讼改革试点方案》。

③ 《中华人民共和国民事诉讼法》(2017年修正)第五十五条 对污染环境、侵害众多消费者合法权益等损害社会公共利益的行为，法律规定的机关和有关组织可以向人民法院提起诉讼。

人民检察院在履行职责中发现破坏生态环境和资源保护、食品药品安全领域侵害众多消费者合法权益等损害社会公共利益的行为，在没有前款规定的机关和组织或者前款规定的机关和组织不提起诉讼的情况下，可以向人民法院提起诉讼。前款规定的机关或者组织提起诉讼的，人民检察院可以支持起诉。

《中华人民共和国行政诉讼法》(2017年修正)第二十五条 人民检察院在履行职责中发现生态环境和资源保护、食品药品安全、国有财产保护、国有土地使用权出让等领域负有监督管理职责的行政机关违法行使职权或者不作为，致使国家利益或者社会公共利益受到侵害的，应当向行政机关提出检察建议，督促其依法履行职责。行政机关不依法履行职责的，人民检察院依法向人民法院提起诉讼。

行动者，其手中有包括命令、准入标准、排污权交易、污染总量控制等多种规制手段，规制手段的选择需要践行特定的程序，而此类程序的设计并非单纯的程序问题，而是与政府规制的有效性与实效性相关联。有鉴于此，本章接下来将围绕三个问题展开：一是当下环境保护领域中的科学与民主价值的冲突是如何形成的，规制程序的开放与其具有何种关系？二是在法律制度设计上日益开放的规制程序是否有能力容纳、缓和这一冲突？三是我国行政法应当在规制程序的理念和机制上如何进行调整，才能在个案当中将上述冲突纳入良性解决的轨道？

**(二)“德”“赛”的魅力与冲突**

如前所述，规制程序的开放主要是两个方向：专业意见和公众诉求。科学与民主是支撑这两个方向的价值取向。在西学东渐浪潮中，民主与科学恐怕是近代中国人眼中最耀眼的价值，以至于它们一度被亲切地称为“德先生”和“赛先生”。[①] 民主与科学是不折不扣的舶来品，在中国传统的价值语境中因难觅其踪而无所谓好坏，而到了近代，尤其是在共和政体建立后，它们跨越了此前的“体”“用”之争，从器物层面上升到了文明层面，获得了独特的价值。

1. 从近代到现代

民主与科学一旦被称为“德先生”和“赛先生”，便获得了一种近乎意识形态的地位。作为敬语的“先生”一词使得民主与科学被魅化，近代中国人希望借助民主与科学缩短与西方国家的各项差距，使中国在政治、法律和社会等方面迅速变成一个现代的文明国家。正是在这一大背景下，在共和政体尚未达致稳定的时候，当时的北洋政府便效仿欧陆国家，设立了独立的行政法院，即平政院，专门负责审理行政案件，并引入法定程序作为审查标准，且否定过政府部门的决定。[②] 与之相类似，通过对西方科学知识和成果的介绍，“五四运动”前后的中国人很快拥抱了科学价值，并在二十世纪二十年代通过与玄学的论战，通过讨论“科学能否支配人生观”，在知识界重创了儒家的传统世界观。在科学逐步化身为“赛先生”的过程中，标志性的事件之一便是爱因斯坦的相对论在“五四运动”前后迅速且未发生实

---

① 民主被称为“德先生”以及科学被称为“赛先生”，取自其各自的英文发音首个音节。

② 殷啸虎、李红平：《鲁迅状告民国教育部行政诉讼案》，《中国审判》，2014 年第 2 期，第 84—87 页。

际争议地被当时的中国人所接受，这与该理论在当时西方国家的境遇形成鲜明对比。[①]

1949年新中国成立以后，虽然经历了一番曲折，但彼时的中国人很快先后重拾了科学与民主价值。1975年，在第四届全国人大第一次会议上，时任国务院总理周恩来重申了此前的“四个现代化”目标，[②] 实际上，这暗含了对现代化进程中科学价值的再次肯认，也在某种程度上再次划分了科学与哲学之间的界限。在1978年党的十一届三中全会上，邓小平则表示国家建设需要加强社会主义民主，后来又曾表示“民主和法制，这两个方面都应该加强，过去我们都不足。要加强民主就要加强法制。没有广泛的民主是不行的，没有健全的法制也是不行的”。[③] 1982年，第五届全国人民代表大会第五次会议通过的宪法第二条第三款则规定“人民依照法律规定，通过各种途径和形式，管理国家事务，管理经济和文化事业，管理社会事务。”可见，自民主与科学化身为“德先生”和“赛先生”以来，两者始终存在于中国国家建设的价值系统中，在相当大的程度上是作为近似于意识形态的存在而获得拥抱和认同的。

尽管自近代以来，“德先生”和“赛先生”进入了中国的价值系统并获得独特的地位，但这并不意味着民主和科学必然拥有独立的价值。就价值系统中所处的地位而言，两者独立性的缺失或许正是当下专家与民众互不信赖乃至“德先生”和“赛先生”产生冲突的根源。

美国学者本杰明·史华兹笔下的严复是一个具有范式(paradigm)意义的近代知识分子，在国家前途晦暗不明的年代，严复等人对西方的认识具有极为强烈的目的导向，这便是救亡图存进而实现富强。[④] 因此，自由、民主等西方概念与公心和集体的能力是相关联的，后者使个人能够跳出儒家伦理的狭隘自私，变得勇于承担集体责任。简而言之，欧风美雨吹打下的近代中国人固然在价值观上接受了民主和科学，但这种接受的背后有着极为浓烈的对富强的追求，以及与富强密不可分的对现代化的追求。换言

① [美]胡大年：《爱因斯坦在中国》，上海：上海世纪出版集团，2006年版，第46—89页。

② 即农业、工业、科学技术和国防现代化，由周恩来在1964年第三届全国人民代表大会第一次会议上提出。

③ 邓小平：《邓小平文选》(第二卷)，北京：人民出版社，1993年版，第189页。

④ [美]本杰明·史华兹：《寻求富强：严复与西方》，叶凤美译，南京：江苏人民出版社，1996年版，第29—36页。

之，富强才是从近代到现代的中国人观念中占据主导地位的价值追求，是操控民主和科学升格为“德先生”与“赛先生”的背景性力量。史华兹的观点在爱因斯坦的相对论迅速被中国人接受的过程中同样可以得到佐证。一战以后，中国知识界出现了对西方国家失望的情绪，如严复对一战的评价便是“觉彼族三百年之进化，只做到‘利己杀人，寡廉鲜耻’八个字”。[①] 这种失望情绪使得社会上产生了革命思潮，认为革命才是实现国家富强和现代化的有效途径。在二十世纪二十年代，爱因斯坦之所以得到当时中国知识界的迅速认同，与其“科学界的革命者”这一形象密切相关。[②] 而在革命思潮的背后，依然是追寻富强这一目标在主导。

在现行宪法当中，人们仍然可以寻觅到上述逻辑的踪迹。根据“八二宪法”序言，无论是发展民主还是推动“四个现代化”，无论是物质文明、政治文明、精神文明、社会文明或是生态文明的发展，其最终目标均是为了“把我国建设成为富强民主文明和谐美丽的社会主义现代化强国，实现中华民族伟大复兴”。可见，即便寻求富强未必构成一种价值，但它却是主导近代以来中国人价值系统的最重要因素。

2. 冲突及其背后动因

诚然，在中国迈向现代化的过程中，民主与科学成为崭新且独特的价值，但其地位却缺乏独立性。这便导致在寻求富强这一目标逐渐因接近实现而淡化时，两者之间的冲突可能性愈渐增大，而利益的多元化更是加剧了这种可能。环境保护领域由于技术性色彩较强、民众表达渠道更为通畅以及所涉及的利益更为复杂多元，因此成为典型的民主与科学互搏空间，这在“PX 系列事件”等环境保护公共事件中得到充分的体现。

所谓“PX 系列事件”特指各地政府引进 PX 化工项目所引发的民众抗议或潜在不满，近十多年来，已有厦门、大连、启东、昆明、茂名、漳州等地曾经计划或已经建设了 PX 项目化工厂。PX 项目是指对二甲苯化工项目，对二甲苯是化工生产中的重要原料，常用于生产塑料、聚酯纤维和薄膜等。由于 PX 项目通常需要建在邻近江河湖海的地区，容易与这些地区的公众意愿产生冲突。在各类环境规制事项中，“PX 系列事件”是比较好的观察分析规制过程中专业意见和公众诉求的对象。有研究者认为，这是

---

① 严复：《与熊纯如书》，《严复集》(第三册)，北京：中华书局，1986 年版，第 692 页。

② [美]胡大年：《爱因斯坦在中国》，上海：上海世纪出版集团，2006 年版，第 153 页。

因为它属于“为数不多的公众积极参与，并在科学事件中积极发声，表达自己的观点和呼声的科学事件”，而且“引起了网民的广泛争论，屡次成为网络热门话题，能够获得比较充足的研究数据”。[①] 此外，还有一个重要的原因是，借由规制部门的引入，专业意见在系列事件中一直主动或被动地发挥着作用。

其实，在这一系列事件发展过程中，规制部门在事前或事后都曾以某种方式征询过公众意见，体现了公众参与，并借助专家的力量，向当地民众介绍过与之相关的专业知识。但是，从这一系列事件发展结果来看，无论是政府主导的公众参与，还是专家对相关专业知识的普及，两者效果均不佳。在各个地方的规制部门以及部分专家看来，作为有机化工原料的PX属于低毒化合物，毒性只比乙醇略高一点，并且没有证据证明其致癌，民众的反对是其欠缺相关科学知识的反映，需要进一步普及相关科学常识。然而，地方民众却认为政府的决策没有反映民意，在项目规划、建设前没有充分征求民众的意见，相关行政程序缺乏公开、参与环节，这既不符合国务院《全面推进依法行政实施纲要》对依法行政的要求，也有违该纲要所提的民主决策。[②] 表面上看，“PX系列事件”似乎是地方政府没有完全践行正当法律程序的要求所致，实际上，若细究之，人们可以很容易地发现，即便政府完全履行了实定法所规定的行政程序，公众依然很难认同此类化工项目的规划与建设。有研究者在详细研究了广东茂名PX事件后，发现无论规制部门如何宣传项目科学性，如何与当地公众沟通，公众依然还是表现出了明显的“我还是怕”的风险感知。[③] 毕竟，就规制程序而言，不管是以当前我国相关实践作为观察对象，还是援引比较法上的实例，公开与参与并不能确保公众的呼声必然得到产生效力的倾听和回应。换言之，在规制部门主导的参与程序中，公众参与机制只能确保表达的渠道，

① 王聪、陆成宽、詹琰：《社会争议事件中公众对媒体上科学家的信任研究——以中国“PX”系列事件为例》，《自然辩证法研究》，2022年第6期，第72页。

② 国务院2004年颁发的《全面推进依法行政实施纲要》在依法行政部分明确规定了“程序正当”，规定“要严格遵循法定程序，依法保障行政管理相对人、利害关系人的知情权、参与权和救济权”，同时还在决策机制部分要求“科学、合理界定各级政府、政府各部门的行政决策权，完善政府内部决策规则。建立健全公众参与、专家论证和政府决定相结合的行政决策机制。实行依法决策、科学决策、民主决策。”

③ 颜昌武、何巧丽：《科学话语的建构与风险话语的反制——茂名“PX”项目政策过程中的地方政府与公众》，《经济社会体制比较》，2019年第1期，第65页。

而无法预测民众的表达对行政机关最终决定的影响，比如对具体某个 PX 化工项目是否要规划和建设能够产生何种影响。可见，这里的真实矛盾恐怕并非规制部门是否遵循了法律法规所规定的规制程序，而是民众一方所希冀的“德先生”与政府及部分专家一方所援用的“赛先生”之间的冲突。

自改革开放以来，在国家与社会的现代化进程中，利益逐渐从一元化走向多元化，过去统合式的一元化结构逐步被打破，人们开始寻求在法律秩序当中的利益实现之道。当个体利益不再完全依附集体利益并成为公民个人堂而皇之地追逐对象时，利益便存在被魅化的可能。在这一历史演进背景下，前述民主和科学的冲突真相便显得暧昧不清，百余年前的中国人在热切地欢迎“德先生”和“赛先生”时恐怕不会想象到今日两者之间的剧烈冲突。在当下，两者几乎在化工项目建设、垃圾填埋场选址、水坝修建、地下水污染等诸多环保事件当中都发生了激烈冲突，那么，这种冲突的背后是否潜藏着其他因素呢？

毋庸讳言，不少地方政府对 PX 化工项目、水坝建设等拥有不小的热情，这背后既有税收、就业等方面的利益推动，又有主政官员个人基于政绩的晋升冲动。[①] 经济与政治利益双管齐下使得地方政府或者说是地方官员热衷于一些与环境保护目标不符的工程项目，并为此选择与自身偏好符合的专家。作为此类工程项目的实施方，企业同样会根据自身的偏好选择专家，甚至在诸如 PX 项目这样的化工产业里，数量有限的专家本身就出身于产业界，与企业之间具有密切的联系。这种“产业科学家”并非中国特有的现象，而是社会和经济复杂化与分工细化带来的结果。然而，在民众一方看来，这些专家已然倒向了政府和企业，并为后者的利益服务。在这里，“赛先生”成为一方利益的唱和者。不过，需要注意的是，各类环保事件中的民众也绝非单纯地使用民主的价值观来反对地方政府的决定，而是在呼吁地方政府正视和承认其环境利益，如避免污染造成的人身侵害、不动产的贬值以及后代的生存和健康利益等。地方政府并非环境利益的天然代言人，民众个体才是这种利益的真实享有者。在民众看来，专家所普及的科学知识因为威胁到此类利益而难以被接受。由此可见，“德赛互搏”的真实叙事是利益的较量，在利益的较量过程中，民主和科学被同时除魅，

① 周黎安：《转型中的地方政府：官员激励与治理》，上海：格致出版社，2008 年版，第 87—122 页。

反倒是利益本身在四十余年来的多元化过程中被魅化，成为各方主体最为真实的追求。

## 二、规制程序开放的价值与负担

中国行政法体系的搭建在相当大的程度上同时借鉴了大陆法系与英美法系的经验和理论，其中，对英美法系中正当法律程序的借鉴乃是重要一环。公开、公正、理由说明、参与等均推动了行政程序的透明化与开放。然而，如前所述，当下环境保护领域浮现的"德赛互搏"及其背后的利益冲突基本绕过了日渐透明和开放的政府决策程序，当前的各类规制程序机制没能充分有效调和各方利益冲突，而是使得各方主体的参与陷入一种难以沟通乃至无序的状态，进而产生新的利益冲突和搏杀，形成了"利益冲突—参与失序"的恶性循环。

### (一)开放的双重价值

源自英国"自然正义"理念的正当法律程序(due process)几近辗转进入中国，并很快得到了在理论体系上更为偏重大陆法系的中国行政法学的接受。虽然在英美法系当中，正当法律程序的确立和发展是在普通法、成文法乃至软法上同时发力的，[①] 但它在中国的形成与演进主要是通过《行政处罚法》《行政许可法》等成文法进行的，并以制定统一的行政程序法为目标。1989 年制定的《中华人民共和国行政诉讼法》授权法院采用"法定程序"作为标准审查行政机关的行政行为，尽管在"法定程序"和正当程序的关联与区别上，尤其是在前者的内涵和外延上存在争议，但随着单行法律、法规对行政程序规范密度的加大，随着司法实践的有意尝试，"法定程序"的内容显然不能局限于具体某部法律、法规所规定的程序，而是通过学理以及不同领域法律规范之间的类比，逐渐形成了一种"公因式的法定程序"，这一有关法定程序内容的形成路径在一定程度上也可以从比较法上得到映衬。例如，美国联邦最高法院就曾在 1974 年的伍尔夫诉麦克唐纳(Wolff v. McDonnell)案中提到正当程序要求给予当事人某种形式的听证。[②]

经过三十余年的发展，尽管中国行政法在统一行政程序法的价值定位上究竟是取法欧陆还是英美尚未完全明晰，但对"公因式的法定程序"内容

① 毕洪海：《普通法国家的行政程序正义进路》，《政治与法律》，2015 年第 6 期，第 29—40 页。

② Wolff v. McDonnell, 418 U. S. 539(1974).

已大致形成共识。在这里，公平、公正、公开以及与之相关的信息公开、听证笔录排他、公众参与等制度构成了行政程序法治化的路线图。与过去奉行管理观念的行政程序机制相比，该路线图的最大特征就是逐步将封闭、单向的行政程序向开放、多中心维度转变。

在环境保护领域，走向开放的行政程序将同时有利于提升民主正当性和知识增量。先就比较法来看，代议制民主政体中，无论是行政立法还是依据行政立法作出的决定，其正当性均来源于作为主权者代表的议会，议会授权行政机关在特定的行政领域制定法律规范，并据此作出能够直接影响公民权利的决定；行政机关则应当在立法者授权范围内行动，否则将遭到法院否定性评价。这便是美国学者斯图尔特所概括的“传送带模式”，民主正当性从立法者那里被“传送”到了行政活动当中。[①] 然而，这种模式在现代行政国家被普遍质疑，立法语言的模糊性给予了行政机关边界模糊的裁量权，司法机关的尊让(deference)则助长了这种裁量权的扩张，这使得“传送带模式”被形式化。行政机关的活动过程，特别是环境规制中的决策程序随之被政治化，而非过去单纯地执行立法者的意旨。恰是这种政治化构成了行政程序开放的动力，使行政机关在无法从立法者那里获得充分正当性的时候，转而通过行政程序直接从民众处汲取。

这一逻辑不能照搬到我国，但却因可能引发类似问题遭遇的共鸣，而有一定的适用空间。在我国，行政法同样面对行政国家带来的行政正当性不足问题，立法者难以为此“传送”充分的正当性。此外，在从计划体制向市场体制转变过程中，处于放权逻辑中的规制部门仍然占据绝对的主导地位，大量的规制策略设计、措施选择、程序设置均出自相应的规制部门之手，立法机关受限于议事规则、事务的复杂性等因素，尚不能为其提供充分的正当性支持，而转型时期的社会压力又迫切希望寻求一个稳定的表达渠道。有鉴于此，日渐开放的规制程序便承担起这一增进民主表达和正当性的任务。环境保护领域的主管部门由于面临民众公开质疑的可能性较大，显然是较早地意识到规制程序这一功能价值的规制部门之一。为了增强环境保护事件中规制活动的民主正当性，公众参与在政府环境规制领域中被作为一项重要制度而得到推广，并在实践中采取了座谈会、恳谈会乃

---

① [美]理查德·B. 斯图尔特：《美国行政法的重构》，沈岿译，北京：商务印书馆，2002 年版，第 5—11 页。

至干部入户沟通听取意见等诸多形式。例如，当原选址厦门的PX化工项目因为市民反对而在2007年迁建至同省城市漳州前后，漳州政府便采取各种贴近当地民众并与之沟通的措施，确保这一项目的规划和建设能得到民众认同，并在2013年的时候被中央确立为走群众路线的典型经验而得到推广。[①] 2014年修订的《环境保护法》中更是有专章规定“信息公开和公众参与”，原环境保护部在2015年9月则专门制定了《环境保护公众参与办法》，再次明确了座谈会、听证会等公众参与形式，并规定了热线电话、互联网等沟通方式，试图确保民众表达渠道的畅通。2020年通过，2021年1月施行的生态环境部新修订的《生态环境部建设项目环境影响报告书(表)审批程序规定》亦规定，建设项目环境影响报告书(表)被受理后，要公开公众参与说明、公众提出意见的方式和途径。[②]

开放的程序同样给“赛先生”设计了进入通道。如果说现代规制程序为环境保护事件中的民众提供了表达机制，以此增进了规制部门实施相应规制活动的正当性，那么，从另一个角度来看，这一程序对专业知识的开放则是为了确保规制部门决策的正确性。现代经济和社会事务的复杂性使得政府决策的难度骤然增大，环境保护领域更是因为自然科学与社会科学的交叉、不同学科知识的混杂、产业知识与科学研究的交织而呈现出判断和行动“双困难”的局面。诚然，环境保护主管部门身为公权力机关，拥有技术、资金、人力等专业方面的优势，法院通常也愿意以此为由在司法审查中采取尊让姿态，但在像PX化工项目、水坝建设、核电站项目、汽柴油标准等具体个案决策中，仍然不可避免地需要在相关行政立法、决策的程序中为外部专业知识的介入设计入口，以确保最终结果的正确性。之所以要在公众参与的渠道之外单独设置专业知识的介入通道，根本的原因就在于，从正确性角度来看，民众的判断或者说“感觉”往往是错误的，他们对风险及其大小等级的评估存在相当大的误判。此类误判主要是由于“启发

① 彭利国：《PX国家公关：为昨天的错误埋单，为明天的扩产蓄势》，《南方周末》第1536期，2013年7月25日。

② 2021年1月施行的《生态环境部建设项目环境影响报告书(表)审批程序规定》第八条　生态环境部受理报批的建设项目环境影响报告书(表)后，应当按照《环境影响评价公众参与办法》的规定，公开环境影响报告书(表)、公众参与说明、公众提出意见的方式和途径。环境影响报告书的公开期限不得少于十个工作日，环境影响报告表的公开期限不得少于五个工作日。

性装置”(heuristic device)、信息传递中的群体同化、情感等因素造成的。[①] 譬如，民众可能基于对核辐射的恐惧而高估核电站的风险，进而向政府施压。而从专业知识的角度来看，此类项目的风险实际上是很低的，政府的相应决策在科学上具有正确性。就目前的制度实践来看，各个环节的专家论证会等无疑是实现该正确性的最稳定渠道，也是实现规制程序促进知识增量价值的主要通道。对此，无论是从各类环境保护事件中专家参与的身影，还是从《全面推进依法行政实施纲要》(国发〔2004〕10 号)、《环境保护法》、《环境保护公众参与办法》等政策、法律规范中均可见一斑。

规制程序的开放和包容性是各国规制理论和行政法发展的重要内容，环境规制程序的开放更是被视作实现政府决策的民主正当性和正确性的有益尝试，是规制程序包容民主和科学价值，避免利益冲突脱离法律秩序的关键。确实，从理论来看，开放的规制程序理应具备这一双重价值；在实践中，利益冲突似乎也在该双重价值的良性互动中得到了部分控制。然而，开放并不仅仅只引入上述价值，还可能引入当下规制程序未必能够完全承受的负担。

**(二)开放的双重负担**

封闭的规制程序是在用回避利益冲突的方式避免争议，开放的规制程序在引入正当性和正确性价值的同时，不可避免地要直面各种利益和观念冲突，遭遇民主和科学带来的负担。

在环境规制中，规制部门希望通过在规制程序当中融合公众参与的方式来增进民众对最终决策的认同。不过，从当前我国诸多的环保事件来看，这一希望与现实仍然存在相当大的差距，程序的开放首先带来的是负担，具体表现在以下两个方面：

一是信息需求的负担。环境规制既有经济性规制色彩，又有社会性规制因素。前者要求考虑政府介入会对市场产生什么样的影响，后者涉及大量技术标准的制定。民众的有效参与以信息公开和获取为前提，环境规制所涉及的信息极为驳杂，且具有很强的专业性。譬如，某个垃圾填埋场造成地下水污染的风险有多大、不同填埋和防渗技术有何差别等，此类信息

---

① 史蒂芬·布雷耶：《打破恶性循环：政府如何有效规制风险》，宋华琳译，北京：法律出版社，2009 年版，第 42—52 页；[美]卡斯·桑斯坦：《阴谋论和其他危险的想法》，陈丽芳译，北京：中信出版社，2015 年版，第 11—23 页。

都需要经过一定转化才能被普通民众所理解。可见，单纯的信息公开只能解决可得性问题，而环境规制过程还需要解决信息的可理解性。2008年起实施的《中华人民共和国政府信息公开条例》固然大大推进了行政程序的开放，但公开的信息若不能为相关民众所认知和理解，反倒将给日益开放的程序增添负担，切断环境规制程序与民主正当性之间的理论关联。

二是参与实效的负担。开放的价值在于直接从民众参与当中汲取正当性，如前所述，环境规制领域中已有座谈会、听证会等公众参与形式，但此类参与与政府最后决策之间的关系在现行制度实践中却暧昧不清。有研究者指出，几乎没人会反对公众参与，核心问题是需要对公众参与进行分类，有的参与仅是形式化的，而有的参与则具有更强的影响力。[①] 在“PX系列事件”中，个别地方民众的不满固然有缺乏参与的因素，但参与却无法从制度上得到真实回应，更无法评估其实效，这无疑将使开放的规制程序背负“华而不实”的指责。此外，在实践中，公众参与的实效还受到了官员喜好、议题设置乃至官员回应程度的影响。[②] 这些影响都使参与实效蒙上了阴影。

在科学方面，就理论来说，环境规制程序的开放确实有助于专业知识的进入，通过各方专业知识的交流与竞争进而实现科学上的正确性。但是，开放在使知识获得增加的同时，却也给规制程序带来了专业意见上的负担。首先，科学的不确定性将通过开放的程序进入环境规制领域。由于人类认知的局限性，相当多的科学问题在当下并没有确切答案，而政府在采取环境规制措施时又必须以一定的确定性为前提，此时便出现环境规制需求与规制依据的差距。譬如，科学研究对转基因食品的安全性尚存在许多争议，开放的规制程序不可避免地会将这些争议带进来，规制部门显然难以在如此不稳固的基础上形成决定。

其次，开放带来的专业意见不必然等于真实准确的专业知识。利益冲突背景下的专业知识存在被个别规制部门或企业蓄意扭曲的可能性，主要表现为虚假和隐瞒。之所以会出现被扭曲的专业知识，其原因在于，开放的环境规制程序未必中立客观，专家基于与政府或企业的利害关系可能会

---

① Sherry R. Arnstein, “A Ladder of Citizen Participation,” *Journal of the American Institute of Planner* 35, No. 4(1969): 216－224.

② 邓佑文：《行政参与的权利化：内涵、困境及其突破》，《政治与法律》，2014年第11期，第59页。

提供虚假的专业知识，或是仅仅陈述有利于一方的专业知识，对不利的一面避而不谈。在这种情景中，开放无助于科学性、正确性的实现，非真实准确知识的增加反而将破坏规制程序的基础理念。

最后，开放的环境规制程序可能仅能带来狭隘的专业视角，这在环境规制领域体现得尤为典型。现代科学的发展不完全是由传统的学院派研究推动的，在很大程度上，产业界也有自身的科学研究力量，如化工企业、制药企业下属的科研机构。在某个具体问题上，往往会出现产业界研究比传统学院派更为专业和深入的情况，此时，政府规制活动的知识来源则不得不更多地倚重前者。① 而前者由于受产业界影响，所关注和解决的问题常常缺乏系统性。

综上可见，开放并不必然带来理想中的民主正当性和正确性提升，在未能审慎设计的情况下，环境保护领域的复杂性和技术性使得相应规制程序的开放可能同时带来来自民主和科学两方面的双重负担。需要注意的是，这种双重负担的出现实际上是前述“德先生”和“赛先生”冲突交织的结果，专业意见的不确定、被扭曲乃至狭隘化影响了信息的可理解性，进而使公众参与的实际效果变得飘渺起来；而信息获取渠道的不畅通、参与的匮乏乃至虚化则使得专业意见成为有关利益方任意打扮甚至是裁减的对象。环境规制程序的开放不但没有实现民主和科学方面的价值，反而因为理论的不完备以及实践中利益冲突的影响，无法调和这两方面的冲突。有鉴于此，若要实现“德先生”和“赛先生”的共处，需要在同一个程序框架内思考二者的关系，重新梳理规制程序的基本设计。

## 三、规制程序开放的重整方向与机制设计

在环境保护领域，规制程序的开放引发了民主和科学两方面的负担，并存在整个程序因不堪其重负而被压垮的风险。在近些年来诸多环境保护公共事件中，民众与政府的冲突在一定程度上便体现了规制程序所背负的这种双重负担。然而，规制程序的日渐开放是面对行政国家趋势的必要回应，因噎废食重新走向封闭绝非现代行政权的因应之策。

---

① ［美］史蒂芬·布雷耶：《规制及其改革》，李洪雷等译，宋华琳校，北京：北京大学出版社，2008年版，第163—167页。

### (一)从多元利益到公民共和

在因开放带来的双重负担面前，有必要对环境规制程序予以重整。在规制程序当中引入多元利益，使规制部门的决策过程模拟立法过程，通过多元利益的竞争实现平衡，传统观点认为这有助于为规制活动的实施提供正当性。但在实践中，不同利益群体的影响力大小不一，如大型企业的组织和游说能力常常远超居民个人或普通团体，最终的决策结果难免偏向前者，这与民主的含义相去甚远。因此，在重整开放规制程序时，应超越多元利益竞逐的“丛林”，以公共利益和共善(common good)作为预设目标和衡量民主正当性的主要标准。换言之，便是要在环境规制程序重整之际，实现多元利益向公民共和的跨越。[①] 值得注意的是，这种跨越并不意味着开放的规制程序否定个别利益的存在，而是要求以形成共识和提升参与能力为导向，最终实现包括公民个人在内的所有利益群体对环境规制措施的有效参与，实现利益协调与有序参与的良性循环。

重整环境规制程序需要考虑共识的形成，形成共识一方面需要民主参与，另一方面又要求建立在理性认知的基础之上。利益冲突的存在固然会对民主参与和依托科学的理性认知产生扭曲作用，但反过来，民主参与和此类理性认知的存在又为克制冲突走向无序提供了可能性。环境保护问题因其“负外部性”影响范围十分广泛，与之相应的政府规制必然牵涉众多利益，政府、企业、受影响的民众乃至尚未出生的下一代均可能受到影响，因此，共识形成的难度恐怕要超过其他规制领域。此外，这里的利益还存在集体与个体、长期与短期相混杂的局面。譬如，PX 化工项目将给当地带来财政增收，改善公共设施状况并增加就业机会，这符合当地民众的利益，看起来似乎是一个地方政府、企业和民众“三赢”的结果；但同时也将影响当地民众的生活方式，给其未来的生活增添风险。前述作为成功典范的漳州 PX 化工项目在建设和生产过程中分别在 2013 年和 2015 年发生过两次爆炸，[②] 尤其是 2015 年的第二次爆炸迫使周边居民不得不撤离，并对周围的海域环境产生了一定影响。在这种利益纵横交错的复杂局面当中，

---

① 在不同学者看来，“公民共和”的内涵不尽相同，法学界比较典型的观点出自美国学者凯斯·森斯坦(Cass Sunstein)，他认为商议(审议)、政治平等、普遍主义和公民身份这四个方面构成了“公民共和”的基本内容。[美]凯斯·森斯坦：《超越共和主义复兴》，应奇译，应奇、刘训练编：《公民共和主义》，北京：东方出版社，2006 年版，第 283—291 页。

② 乔志峰：《“肯定不会爆炸”的 PX 为何还是爆炸了》，《检察日报》，2015 年 4 月 8 日，第 5 版。

需要借助民主与科学两方面的力量以促使人们在规制程序的终点处能寻找到共识。

由于民主的本义是人民的统治，因此这里的共识绝非一方支配另一方所形成的共识，而是在各方对政府的最后决策结果拥有大致平等的影响力情境下，经过协商与沟通达成的共识。尽可能全面、客观展现的专业知识则帮助各方完善对规制事项的理性认知，寻求彼此都能接受的方案。可见，恰是“德先生”和“赛先生”使得利益冲突避免陷入以强凌弱的“丛林法则”，也避免盲目对抗造成的失序。

重整环境规制程序还需要考虑公民能力的提升。公众参与本身未必能够推导出公民共和理念的实现，该理念除了渴望见到平等基础上的共识，还希望提升公民在规制程序当中的能力。而要实现公民能力的提升，一方面要通过可见的参与实效来鼓励公众参与，如通过参与环境保护社会团体以增强对决策结果的影响，并在一系列的参与中逐渐习得与各利益方协商、沟通的能力，学会在既定的法律框架内影响规制部门的能力；另一方面，则要依托一套有效的专业知识生产和过滤机制。如前所述，环境保护问题的复杂性不是公民个体乃至单个团体凭借日常生活经验和知识便能有效应对的。基于科学研究的专业知识对公众参与环境规制程序具有重要作用，规制部门有责任确保公众在公共领域里能够获得所需的专业知识，并从公民共和理念出发，避免干预此类知识的自我更新和淘汰，亦即，专家须对其在非公共领域的言论承担更多的责任，而不能援用言论自由作为豁免事由。①

**(二)机制设计**

在公民共和的规制程序重整导向下，由于民主和科学的介入并非简单地引入多元利益或增加专家意见，而是为了在最终的环境规制措施中形成共识和提升公民能力，因此前述规制程序因开放而背负的负担便有了缓解的可能，具体而言，需要从以下三个方面调整规制程序机制的设计：

1. 完善信息传递机制

规制部门的责任不能止步于信息公开，而应承担起提供具有可理解性信息的职责，在环境规制的各个利害关系方之间建立起良好的信息传递机

---

① ［美］罗伯特·波斯特：《民主、专业知识与学术自由——现代国家的第一修正案理论》，左译鲁译，北京：中国政法大学出版社，2014年版，第61—90页。

制。规制部门的这一职责包括三方面的内容：其一，规制部门是最主要的信息掌握者，同时也是最佳的信息解读人选。该信息垄断地位使其与公民之间存在严重的信息不对称，并使其具有保密倾向。[①] 为了避免该不对称和保密倾向可能出现的弊端，立法机关应当要求规制部门承担信息解读责任，亦即，无论相关信息是由规制部门制作，还是从其他主体那里获得的，均应当对此进行解读和转化，将此类信息特别是其中涉及专业知识的部分转化为民众易于理解的内容。在这方面，2019 年 9 月施行的《重大行政决策程序暂行条例》作出了较好尝试，根据该条例规定，决策事项在公开征求意见时，承办单位应公布决策草案说明材料，对于“对社会公众普遍关心或者专业性、技术性较强的问题”，还可以通过专家访谈等方式予以解释说明。[②]

其二，政府应当要求环境规制程序中的有关企业，如 PX 化工产品的生产企业及其专业研究机构在提供专业知识时，须保证此类知识在科学界是可以获得、可以验证和可以理解的。需要注意的是，这里并不是要求产业界及其专家在与政府的沟通过程中就要符合可理解性这一要求，主管部门的专业性和行政效率并不要求这么做。在这里，政府的职责是确保进入环境规制程序的企业及其专家在与民众沟通、协商时所提供的专业知识应当具有可理解性。

其三，政府在建立信息传递机制时，有责任确保民众拥有自己的专业知识获得渠道。就消极方面而论，政府不应干涉民众自行寻求专业知识，这包括不干涉民众寻求专家的智力支持、购买技术设备等。[③] 从积极方面来看，政府应当为民众自行寻求专业知识的帮助提供指引乃至资金支持。

---

① 李放、韩志明：《政府回应中的紧张性及其解析——以网络公共事件为视角的分析》，《东北师大学报(哲学社会科学版)》，2014 年第 1 期，第 5—6 页。

② 2019 年 9 月施行的《重大行政决策程序暂行条例》第十五条　决策事项向社会公开征求意见的，决策承办单位应当通过政府网站、政务新媒体以及报刊、广播、电视等便于社会公众知晓的途径，公布决策草案及其说明等材料，明确提出意见的方式和期限。公开征求意见的期限一般不少于 30 日；因情况紧急等原因需要缩短期限的，公开征求意见时应当予以说明。对社会公众普遍关心或者专业性、技术性较强的问题，决策承办单位可以通过专家访谈等方式进行解释说明。

③ 譬如在 2010 年的“蘑菇被漂白”事件中，北京市有一名小学生自行实验发现市场上销售的部分蘑菇经过荧光增白剂的漂白，主管部门认为其实验“不科学”，在这里，主管部门不应简单地作出“不科学”的认定，不应阻扰民众寻求专家帮助或技术支持。陈黎明等：《蘑菇漂白：民众为何不信“权威检测”》，《新华每日电讯》，2010 年 12 月 6 日，第 1 版。

2. 建立权力共享机制

公民共和意味着在共同体的框架内建立公众与规制部门之间更为密切的关联，使政府真正成为一种“社区政府”(community government)。环境规制领域因其所涉利益的复杂性而需要包括企业、当地民众乃至环境保护类非政府组织的广泛参与，这一点在当下中国已然得到认可，问题在于，参与和最终规制措施的内容之间的关系极为模糊，即便是法律、法规所明确规定的座谈会、听证会等公众参与形式也未能明确参与者对最后决策是否能产生影响以及如何产生影响，如听证会制度之所以广受诟病，被批评为“形式主义”“没有作用”等根源便在于这一模糊性。①

在规制理论和实践中，建立权力共享机制有助于减少前述模糊性，强化公众与规制部门的联系。权力共享机制的核心要素是参与方对规制内容的实际影响和对部分规制环节的控制，由包括政府、企业、当地民众乃至环境保护类非政府组织等在内的各方分享公共权力。由此形成的权力结构乃是一个多中心的网络结构(network)，而非以政府为单一中心的命令—服从结构。在该结构中，包括地方民众在内的各个参与方对规制活动的最终结果拥有了可见的实际影响，成为公共权力的共同享有者。日益开放的环境规制需要在一定范围内确立权力共享机制，将“规制空间”理论所描述的正式权力和非正式权力都囊括进来，实现规制资源的整合，推进实现既定的规制目标。尽管我国尚未在程序制度的实践中明确确立该机制，但在个别城市的特定领域中，已经展开了类似尝试，赋予了地方民众更为实际和可见的影响力。② 2015 年，修订后的《立法法》扩大了地方行政立法的主体范围，虽然在权限上限于城乡建设与管理、环境保护、历史文化保护等方面的事项，但可以合理期待，借助《立法法》赋予地方政府的空间，环境保护领域的权力共享机制在未来或有更多的实践可能性。

3. 探索程序交叉机制

风险社会的存在意味着决策者需要同时兼顾公众和专家，将二者融合到一个多中心的程序机制中。③ 根据这一理念，决策者在开放的环境规制

---

① 章志远：《价格听证困境的解决之道》，《法商研究》，2005 年第 2 期，第 3—12 页。

② 张力：《论城市作为一个行政法概念——一种组织法的新视角》，《行政法学研究》，2014 年第 4 期，第 96 页。

③ 金自宁：《风险决定的理性探求——PX 事件的启示》，《当代法学》，2014 年第 6 期，第 21 页。

程序当中，应当将增进民主正当性的程序设计与促进知识增量的程序设计从并行改为交叉，使二者在统一的规制程序框架中相互作用，避免出现公众和专家之间的互不信任，从而打破政府及其专家认为公众参与无法带来知识增量，公众则质疑前者无视民主价值的僵局。德国社会学家贝克曾表示，关于风险，不存在什么专家，专家无法垄断理性，他们与公众同样无知，因此相关决定应当侧重考虑公平。[①] 在风险丛生的环境规制领域，更完整的表述或许是既然公众与专家同样无知，在考虑公平的同时应当共同促进知识的增长，从无知之地走出，同时，专家与公众一样也有权参与规制程序，利用自己的专业知识和能力推动程序向“更好规制”(better regulation)发展，而非被动单纯地与民众一道公平地承受不利。

在我国行政法的理论和实践世界中，过去已经发展出不少能够体现民主和科学价值的制度设计与实践，但是，座谈会、听证会、论证会等形式均是在规制部门主导下进行的，在个别地方还存在对其流于形式的指摘。这意味着，专业意见和公众诉求彼此之间的互动也需要经过规制部门的中转或过滤，这便是“政府—公众”与“政府—专家”的并行程序关系。随着对环境规制程序属性和作用认识的深化，这一关系应当逐渐向交织转化。具体来说，以环境规制为例，第一步应当有效区分风险评估、风险管理和风险沟通。风险评估属于纯粹科学问题，应有独立于规制部门和产业利益的专家实施，有关专家意见应当具有多样性。公众诉求和专业意见的交流主要发生在风险管理和风险沟通中，在此环节，相关专业意见应当便于公众获取和理解。[②] 第二步是设计稳定可靠的程序平台，帮助公众与专家进行有效交流。原环境保护部 2015 年 9 月制定的《环境保护公众参与办法》第七条便规定，行政机关在组织专家论证会时，同时“应当邀请可能受相关事项或者活动直接影响的公民、法人和其他组织的代表参加”。这便有助于、将民意和专家知识在同一规制程序中结合起来，实现二者的直接沟通交流。

## 四、结语

对于我国而言，现代化建设是一个包括民主和科学在内的各种目标和

① [德]乌尔里希·贝克：《风险社会》，何博闻译，南京：译林出版社，2003 年版，第 28 页。

② [英]罗伯特·鲍德温、马丁·凯夫、马丁·洛奇编：《牛津规制手册》，宋华琳、李鸻、安永康、卢超译，上海：上海三联书店，2017 年版，第 368 页。

价值的集合，由于历史因素，其背后有着更为深刻的动因。在具体的规制实践场景中，民主和科学这两方面的价值可能发生冲突，专业意见和公众诉求会出现互不信任的局面。基于正当法律程序原则，现代行政国家的规制程序愈渐具有开放性特点，其希望在开放过程中将这两方面的价值同时纳入其中。但是，由于现实利益的不一致和冲突，这两方面的价值可能出现不可沟通、冲突乃至互搏。尤其是在环境规制领域当中，此类价值冲突一旦发生，几近不可调和，造成了理论和现实的抵牾，给处于优化和完善中的规制程序带来了极大的负担，构成了对规制理论以及规制法方法论的重大挑战。

在风险社会当中，民主与科学的冲突乃是一个普遍性问题，只不过在经济、社会等各项事业发展迅速的我国，特别是涉及利益冲突剧烈、专业性和技术性颇强的环境规制时，该问题显得尤为明显。为了避免环境规制程序承受因制度设计和理论不完备带来的过重负担，有必要突破多元利益的理论窠臼，确立以共识形成和能力提升为导向的公民共和理念，并通过有效的信息传递、权力共享与程序交叉机制实践这一理念，最终将专业意见和公众诉求有效统合在环境规制程序当中。

# 第五章　规制法的框架设计：以婴幼儿照护服务领域为例

在从规制到规制法的思维跃迁中，法律规范是最为基本的中介。离开了对法律规范的分析，规制法的方法论只能是空中楼阁。但是，若仅从法律规范内部以一种内在视角(of law)去观察法律规范及其规范和调整的对象，那么，规制法又难以具有独特的方法论意义，容易沉降为具体某个部门领域的法教义学分析。毋庸讳言，规制法要回应的问题来自规制世界，规制现象的出现本身也是在回应市场、环境保护、医疗卫生等领域中的特定问题。规制法真正要调整和规范的是规制现象，即规制部门权限、规制事项属性、规制对象界定、规制措施选择、规制程序设计，以及规制空间中不同主体的责任，而非规制活动要应对的特定具体领域的问题，比如市场领域有没有不正当竞争、环境领域污染物排放是否过多、医疗卫生领域医院资源是否不足，这些特定具体领域的问题是规制法框架设计的背景，是其通过调整和规范规制现象间接予以处理的问题。因此，在依循规制法的方法论，针对特定规制领域展开框架设计时，不能寄希望于“经济(社会)问题—立法”的刺激反应式思维方式，即通过制定法律来解决经济(社会)问题。若是如此，立法机关的期待常常可能会落空，但这种落空不等于直接推导出法律规范的失败，经济(社会)问题是通过规制部门实施规制活动来处理的，规制法只是为这些规制活动塑造法律环境，具体表现为授权、约束等。本章将以近年来新出现的婴幼儿照护服务领域为例，来尝试说明规制法的框架设计应包含哪些要点，之所以选取这一领域，有如下三点原因：一是因为婴幼儿照护服务出现在市场、社会和家庭三个系统的交叉地带，基于一些现实理由，国家介入了这个交叉地带，同时，该交叉地带又在拒绝国家的完全接管。事实上，国家也无意完全接管，无意通过计划指挥等方式管理婴幼儿照护服务领域。因此，该交叉地带在与国家互动的过程中，展现了浓厚的规制特征。二是婴幼儿照护服务领域目前存在法律规范的空白，规制部门实施规制活动缺少规制依据。以该领域为研究对象，展开规制法的框架设计，可以比较完整地呈现分析过程。三是婴幼儿照护服务领域本身也存在诸如供给不足等问题，以其为研究对象，可以较好地展示规制法—规制实践—经济(社会)问题的三分法。本章接下来将通过分析婴幼儿照护服务立法的方式，依序界定调整对象、讨论规制目标设定、识别现有规制问题，并提出可能的规范模式和思路。

## 一、何为婴幼儿照护服务规制

### (一)规制立法的背景

婴幼儿照护服务涉及儿童福利、家庭发展、人口素质等多个领域，意指国家、社会、市场主体为 3 岁以下婴幼儿的健康成长提供关照保育、养护培养的服务活动。2017 年，党的十九大报告提出“幼有所育”，为婴幼儿照护服务发展确定了宏观要求。2019 年，国务院办公厅颁布《关于促进 3 岁以下婴幼儿照护服务发展的指导意见》(以下简称《指导意见》)，确立了构建政策法规体系、标准规范体系和服务供给体系的发展任务。同年 10 月，党的十九届四中全会决定更是明确将“幼有所育”与健全国家基本公共服务制度体系结合起来。婴幼儿照护服务的发展由此进入了新的机遇期，在全面依法治国的战略引领下，与之相关的立法需求也得以日益凸显。法为国之重器，相较于政策等其他规范性文件，由于立法本身具有的刚性和规范性，一经制定便难以随意变更，且对政府、社会、市场主体具有约束作用，因此，在婴幼儿照护服务立法工作的铺陈展开过程中，需要明确其目标定位，在准确把握立法独特问题的基础上，探寻构建相应体系的基本路径。

### (二)规制立法的前提：概念范畴的界定

立法离不开对概念术语的使用，婴幼儿照护服务概念范畴的界定是准确把握其立法目标定位的前提。在开辟婴幼儿照护服务立法道路的过程中，不可避免地涉及众多概念，这些概念直接关系到立法的调整范围和规范对象，其中，最为关键的是两对概念，即婴幼儿照护服务与托育服务、婴幼儿照护服务与婴幼儿照护服务规制，对其界定和把握将直接影响立法的走向。

1. 婴幼儿照护服务与托育服务

在理论研究和政策实践中，婴幼儿照护服务与托育服务存在交叉和错位。二者的交叉体现在有些文本同时使用这两个概念，如2020年9月发布的《大连市人民政府办公室关于促进3岁以下婴幼儿照护服务发展的实施意见》在规定严格备案管理时，表示“婴幼儿照护服务机构核准登记后，应及时登录托育机构信息管理系统向所在地的县级卫生健康部门备案”，此处便将婴幼儿照护服务与托育服务相混同，进而交叉使用了婴幼儿照护服务机构和托育机构。错位指的是理论研究与政策实践的错位，在理论研究中，多数情况下使用的是托育服务或其近似概念，如以“托育服务”为篇名关键词在中国知网检索，有110余篇文献，时间跨度在2019年前后且较为均衡；若以“婴幼儿照护服务”为篇名关键词检索，仅有20余篇文献，时间均在2019年《指导意见》颁布之后。而在政策实践中，显然是受到国家层面《指导意见》的影响，绝大多数地方的政策性文件均使用“婴幼儿照护服务”。由此引发的一个问题便是，婴幼儿照护服务与托育服务之间是何关系？婴幼儿照护服务立法应当聚焦于何者？

对此，虽然现有文献并未直接给予区分，但从研究者对托育服务或托育机构的正面界定中可以发现一些端倪。有论者指出，托育服务是相对于家庭抚育而言的社会托幼服务；[①] 也有论者将托育界定为托管和照护；[②] 更有论者指明目前学界普遍接受的托育服务定义是指“家庭正常的婴幼儿照顾功能不足或者婴幼儿的家庭照顾功能遭到破坏，婴幼儿必须在一天当中的某个时间段离开父母，通过其他人或者机构进行替代性照料或照看的机制或制度。”[③]据此可见，托育服务最核心的概念要素在于婴幼儿暂时完全脱离父母或者说家庭的照护。与婴幼儿照护服务相比，其内涵较为狭窄，涵盖的服务类型也有限，有些社会化的照护类型如保姆照护等是否可以被涵盖其中难免也有模糊之处。

婴幼儿照护服务的概念内涵更加具有包容性，它与托育服务的共同之处在于均未将婴幼儿的安全健康成长视作完全属于家庭内部的职责，而是

① 张本波、魏一芳：《人口政策与托育服务资源配置：进展、问题与建议》，《宏观经济管理》，2019年第4期，第38页。

② 童连：《日本幼儿托育和家庭支援体系现状》，《人口与健康》，2019年第8期，第10页。

③ 刘中一：《我国托育服务的历史、现状与未来》，《经济与社会发展》，2018年第4期，第70页。

希望通过一定的社会化机制予以支持，这直接表现为某些照护活动是可以被替代的。不同之处则在于婴幼儿照护服务不仅可以涵盖托育服务的内容，还包括在婴幼儿未脱离家庭环境的情况下，为照护活动提供辅助和支持，如保姆照护、喘息式服务、养育指导等。

《指导意见》使用了更具包容性的婴幼儿照护服务概念，几乎没有使用“托育”一词，这与其设定的“家庭为主，托育补充”原则相一致，即婴幼儿照护服务包括但不限于托育服务，其政策目标是强化家庭对婴幼儿的照护能力。因此，婴幼儿照护服务立法也应当遵循类似思路，避免自我窄化，这也有助于明确目标定位，为解决包括职权划分在内的现实问题提供思路。

2. 婴幼儿照护服务与婴幼儿照护服务规制

单从概念来看，婴幼儿照护服务指向的是对家庭照护婴幼儿的辅助和支持，婴幼儿照护服务规制则是对各类辅助和支持的规范、约束。但就立法推进而论，婴幼儿照护服务与婴幼儿照护服务规制的区分具有先决意义，二者的不同体现在三个方面：

一是历史语境不同。早在新中国成立初期，婴幼儿照护服务便已出现，并以托儿所的形式取得井喷式发展，其原因在于对解放女性劳动力的需求，计划经济体制的逐步确立则为此类照护服务准备了条件。[①] 二十世纪九十年代，随着托儿所数量的减少，婴幼儿照护服务出现了结构性萎缩，但企业等私主体开始进入该领域，促进了婴幼儿照护服务的多样化。与之相比，婴幼儿照护服务规制是在计划经济体制逐步瓦解、市场经济逐渐确立其地位的过程中产生的，它是指有关主体对婴幼儿照护服务活动的一种保持一定距离的监督管理，而非基于指令式资源配置的管理，其具体手段包括强制色彩较浓的行政处罚、行政强制措施等，也包括强制色彩较淡的经济、信息手段等。

二是主体不同。婴幼儿照护服务的提供者既有国家，也有社会和市场主体，不同国家或是同一国家在不同时期对三方主体的责任配置存在不同。如我国在经历国家完全承担服务供给和政府基本缺位的两个阶段后，婴幼儿照护服务的公共服务属性再次苏醒，国家开始与社会、市场力量重

① 李雨霏、马文舒、王艳玲：《1949 年以来中国 0—3 岁托育机构发展变迁论析》，《教育发展研究》，2019 年第 24 期，第 68—69 页。

建科学合理的责任关系。婴幼儿照护服务规制的主体主要是作为国家代表的行政机关，即便是将社会组织、企业自身纳入规制结构的回应性规制理论，也不曾否认政府在规制中的必要地位。①

三是内容不同。婴幼儿照护服务的核心内容落在服务上，无论是从公共服务还是从市场角度来看，所涉问题主要是照护服务的类型、标准、质量等。婴幼儿照护服务规制内容的本质依然是行政机关对行业的监督管理，涉及的典型问题如规制目标、手段、效率等，通常表现为一个规制措施的“工具箱”，以应对行业活动过程中出现的不同状况。

二者之间的前述差异意味着婴幼儿照护服务立法应着力于婴幼儿照护服务规制，即将对服务供给的规制活动作为法律调整和规范的对象，而非陷入对服务供给本身的描述。否则，将使得立法沦为一种行业指南和操作说明，失去应有的规范功能。同时，也容易忽略婴幼儿照护服务问题丛生背后的政府规制因素。如有研究者指出，婴幼儿托育服务供给不足、从业人员低质量等“市场失灵”现象正是因为改革缺乏对政府责任和角色的界定。② 要回应政府规制问题，除《指导意见》等政策导向外，婴幼儿照护服务立法理当将政府从服务的直接提供者中剥离出来，在明确政府与婴幼儿照护服务活动之间是规制和被规制关系的基础上，为不同类型规制工具设定相应的“要件—后果”规则，搭建起不同主体的法律责任体系。

## 二、规制立法的目标梳理

婴幼儿照护服务立法意在通过规定政府规制措施及其责任内容来作用于服务活动，由此形成立法—规制—服务的制度逻辑。这意味着婴幼儿照护服务的发展逻辑，不可避免地将影响到与之关联的立法目标，并塑造规制思路模式。纵观婴幼儿照护服务的发展历程，其立法至少将涉及三个层面的目标，分别是福利促进、人口素质和服务供给。

### （一）福利促进

在福利促进语境中讨论婴幼儿照护服务立法有两个指向：儿童福利促进和家庭福利促进。二者出现的历史阶段不同，但却在当前婴幼儿照护服

① 杨炳霖：《回应性监管理论述评：精髓与问题》，《中国行政管理》，2017年第4期，第132页。

② 岳经纶、范昕：《中国儿童照顾政策体系：回顾、反思与重构》，《中国社会科学》，2018年第9期，第103页。

务立法中相汇集，并对具体制度设计产生影响。

1. 儿童福利促进。广义的儿童福利是指所有能够促进儿童安全和健康的福利服务。有研究者援引1959年联合国《儿童权利宣言》指出，国际上对儿童福利的通常定义是“所有以促进儿童身心健康全面发展与正常生活为目的的各种努力、事业及制度”，目的是“实现儿童的全面发展”，具体供给方式表现为教育、卫生保健、家庭和社区服务等。狭义的儿童福利则是针对生活无所依靠的特殊儿童提供的安置、养护措施。① 婴幼儿照护服务与儿童福利促进的关联性可以追溯到前者诞生的初期，在欧美社会，早期的照护服务组织多数有着明显的慈善济贫色彩。② 随着国家和社会的发展，尤其是经济生产水平的显著提升，以公共托育为主体的婴幼儿照护服务开始普遍化，对儿童福利的促进也不再集中表现为对特殊儿童群体的“托底”，而是体现为对适龄婴幼儿的早期介入和照顾，以安全健康为前提的促进婴幼儿发展成为核心理念。在该演变趋势下，以独立式托育机构为例，场所、设备、食品安全势必成为婴幼儿照护服务立法关注的底线要求，根据婴幼儿发展特点规定师幼比等也应当成为立法内容，③ 如此才能促进儿童福利的普遍提升。

2. 家庭福利促进。就历史来看，通常表现为对女性劳动或职业发展的支持保障。新中国成立初期，托儿所的迅速发展正是国家干预儿童照顾，希望解放妇女、保障妇女劳动力供应和促进儿童社会化发展的结果，其中，保障妇女劳动力供应处于优先地位。由此很快形成国家支持工作组织或社会组织提供集体福利的照护体格局。④ 同样是在二十世纪中期，欧美一些国家，如法国通过确定家庭政策的方式来缓和家庭生活和职业生活的冲突，其政策本质是重新调配家庭与国家的婴幼儿照护服务责任，帮助提升家庭能力，“促进父母尤其是母亲的劳动参与率”。⑤ 在“全面二孩”政策

---

① 姚建平：《国与家的博弈：中国儿童福利制度发展史》，上海：格致出版社、上海人民出版社，2015年版，第2—3页。

② 刘中一：《从西方社会机构托育的历史趋势看我国托育机构的外发展》，《科学发展》，2018年第3期，第42页。

③ 洪秀敏等：《婴幼儿托育机构设置标准的国际经验与启示》，北京：北京师范大学出版社，2020年版，第29—31页。

④ 张亮：《中国儿童照顾政策研究——基于性别、家庭和国家的视角》，上海：上海人民出版社，2016年版，第60—61页。

⑤ 陈偲：《法国公共托育服务发展经验及其启示》，《人口与健康》，2019年第8期，第19页。

推行后，促进家庭福利的目标导向需求更为强烈，有研究者发现，在照护压力影响下，有超过三分之一的母亲被迫放弃职业，生育二孩加剧了这一趋势，而且低收入家庭中的母亲和低学历的母亲更容易因此放弃职业回归家庭。[①] 无论是基于历史逻辑，还是当前需求，婴幼儿照护服务立法都无法与促进家庭福利，尤其是借此支持家庭中的女性职业发展割裂开来。

需要看到的是，儿童福利和家庭福利二者之间可能存在一定的内在冲突，如要在最大限度上促进家庭福利，实现婴幼儿照护服务的普遍覆盖，为家庭发展提供充分支持，在一定程度上难免需要降低相应质量标准。反之，对儿童福利促进目标的侧重要求提高准入门槛等，有可能使得部分家庭无法实际享有婴幼儿照护服务。

**(二)人口素质**

提高人口素质同样也在婴幼儿照护服务立法的目标指向范围内，人口素质不仅包括与优生优育直接关联的健康素质，还包括人力资本素质等。如果说前者属于人口素质中的“硬件”，那么，后者则属于“软件”。有观点在概述新中国成立七十年来人口素质变迁时，将其拆分为国民健康水平和科学文化素质的提升，[②] 实际上就是从“软硬件”相结合的角度来理解的。婴幼儿照护服务不仅包含卫生健康的要求，在更为长远深刻的层面上，还直接关系到未来科学文化素质的提升。特别是在二十世纪七十年代末计划生育逐渐成为基本国策后，包括公共托育在内的婴幼儿照护服务逐渐被视作是对未来高质量人口素质的保障，政府对此的投入也被视作对未来人力资本的投资，[③] 也正是在这个目标导向下，婴幼儿照护服务愈渐带有学前教育的色彩，并与教育问题缠绕在一起。

二者的缠绕在国家和地方层面的制度表达中均有体现。2011年，国务院颁布《中国儿童发展纲要(2011—2020年)》，该纲要在“儿童与教育”而非“儿童与健康”部分中明确提出促进0—3岁儿童早期综合发展，其对应的措施是“积极发展公益性普惠性的儿童综合发展指导机构，以幼儿园和社区

① 洪秀敏、朱文婷：《全面两孩政策下婴幼儿照护家庭支持体系的构建——基于育儿压力、母职困境与社会支持的调查分析》，《教育学报》，2020年第1期，第38页。

② 尹德挺、石万里：《新中国成立70年来我国人口素质变迁》，《人口与健康》，2019年第10期，第31—36页。

③ 张亮：《中国儿童照顾政策研究——基于性别、家庭和国家的视角》，上海：上海人民出版社，2016年版，第61页。

为依托，为0—3岁儿童及其家庭提供早期保育和教育指导。加快培养0—3岁儿童早期教育专业化人才。”此外，也有一些地方在学前教育立法中以明示或参照适用的暗示方式点出了婴幼儿照护服务与教育的关系。如2001年6月通过的《北京市学前教育条例》第三条规定“本市倡导和支持开展3周岁以下婴幼儿的早期教育”，2017年9月施行的《辽宁省学前教育条例》第四十九条规定，“对三周岁以下幼儿实施保育教育，参照本条例执行。”可见，在婴幼儿照护服务立法过程中，难免会牵扯到教育问题，提高人口素质的目标设定强化了这一趋势，也增加了立法制度设计的复杂性。

**(三)服务供给**

为实现“幼有所育”进而健全国家基本公共服务制度体系的目标，《指导意见》围绕婴幼儿照护服务提出建立健全政策法规体系、标准规范体系和服务供给体系，以满足民众对此的需求。“三大体系”彼此相互支撑和促进，作为政策法规体系的重要组成部分，婴幼儿照护服务立法同样也需要将促进服务供给作为自身目标。

婴幼儿照护服务立法是针对公共服务活动的立法，但它与市政公用设施、政府部门服务等公共服务的立法又有所不同，即具有更为浓厚的社会化、市场化色彩。究其原因，一是在于公共服务供给形式的多样化，无论是从责任机制还是从效率效用角度出发，政府都无须是公共服务的唯一提供者，而是可以通过购买服务、税费减免甚至是规制介入等方式扮演“责任保障”角色，不必亲自提供服务，有观点称之为“实质民营化”或“任务民营化”，以此有别于国家控股的私法人提供服务的“形式民营化”；① 二是在于我国婴幼儿照护服务供给与需求之间存在较大程度的不均衡，服务供给远不能满足民众的需求，完全由国家提供此类公共服务并不现实。对此，党的十九届四中全会的决定显然有着精准的认识，在提及“幼有所育”等时，便指出要“尽力而为，量力而行”，同时还要“创新公共服务提供方式，鼓励支持社会力量兴办公益事业”。

在需求一端，随着“全面二孩”政策法规的推进，民众对婴幼儿照护服务的需求在持续增加。有研究者在抽样调研后发现，七成以上的青年家庭

---

① 刘飞：《试论民营化对中国行政法制之挑战——民营化浪潮下的行政法思考》，《中国法学》，2009年第2期，第14—15页。

有托育需求，尤其是对全日制托育的需求最为强烈。[①] 即便是在南京这样较早就开始探索婴幼儿照护服务立法与实践的城市，依然存在需求巨大而供给却相对不足的情况。[②] 2016 年，根据权威部门统计，我国 3 岁以下婴幼儿入托率极低，2 岁婴幼儿当中只有 14.4%入托。[③] 可想而知，2 岁以下婴幼儿入托率更低，其主要根源正是服务供给的不足。与之相比，2019 年的报告显示，经济合作与发展组织(OECD)国家 3 岁以下婴幼儿的平均入托率为 32%。[④] 在当前阶段，我国婴幼儿照护服务立法最为直接迫近的目标就是通过制度设计以有针对性地增加服务供给，尤其是以社会化、市场化方式提供婴幼儿照护服务，使更多的社会组织、企业加入到供给一端。2020 年 10 月，修订的《中华人民共和国未成年人保护法》(以下简称《未成年人保护法》)第 84 条规定，"各级人民政府应当发展托育、学前教育事业，办好婴幼儿照护服务机构、幼儿园，支持社会力量依法兴办母婴室、婴幼儿照护服务机构、幼儿园。"相较于修订前的规定，其在支持责任主体、对象和机构范围上都有所扩大，其指向亦是扩大渠道，促进服务供给。

## 三、婴幼儿照护服务立法的现实问题

### (一)体系缺失导致法律依据不明

1. 体系缺失及其原因

2019 年颁布的《指导意见》明确提出要在 2020 年初步建立婴幼儿照护服务的政策法规体系，随后，国家卫生健康委员会在 2019 年陆续制定了《托育机构设置标准(试行)》《托育机构管理规范(试行)》，国家卫生健康委办公厅、中央编办综合局、民政部办公厅、市场监管总局办公厅在 2019 年 12 月联合制定了《托育机构登记和备案办法(试行)》，住建部在 2019 年 8 月也组织修订了《托儿所、幼儿园建筑设计规范》。在地方层面，省级、设区的市级层面都紧锣密鼓地围绕着促进婴幼儿照护服务发展出台了本地区

---

① 洪秀敏、朱文婷、陶鑫萌：《新时代托育服务的供需矛盾与对策——基于青年家庭获得感和需求的 Kano 模型分析》，《人口与社会》，2019 年第 6 期，第 9 页。

② 李沛霖等：《对发达地区 0—3 岁儿童托育服务市场的调查与思考——以南京市为例》，《南方人口》，2017 年第 2 期，第 72—73 页。

③ 国家卫生计生委家庭司编著：《中国家庭发展报告 2016》，北京：中国人口出版社，2016 年版，第 129 页。

④ PF3.2：Enrolment in childcare and pre-school，http：//www.oecd.org/els/family/database.htm，访问日期：2020 年 11 月 2 日。

的“指导意见”，甚至是更为具体和可操作的管理办法。此外，个别地方如南京还在2019年制定了《南京市婴幼儿托育机构管理办法》。然而，若以《立法法》有关法律法规的标准来看，除了作为地方政府规章在2019年市政府审议通过的《南京市婴幼儿托育机构管理办法》，截至目前所形成的“体系”并非真正意义上的法律法规体系。换言之，就现有规范性文件制定情况而论，从中央到地方的政策体系已经初见规模，但距离法律法规体系尚有相当大的距离。可资对比的是与幼儿园相关的法律法规体系基本完备，宪法明确规定国家“发展学前教育”，全国人大及其常委会在2021年4月修订的法律有《中华人民共和国教育法》，该法第十八条规定，“国家制定学前教育标准，加快普及学前教育，构建覆盖城乡，特别是农村的学前教育公共服务体系。各级人民政府应当采取措施，为适龄儿童接受学前教育提供条件和支持。”行政法规位阶的有1990年2月施行的《幼儿园管理条例》，规定举办幼儿园采取行政许可制度。教育部则在2016年3月施行了《幼儿园工作规程》，对上位法规定的标准、条件等予以了细化。由此形成从宪法到部门规章的完整法律法规体系。婴幼儿照护服务立法中的体系缺位背后固然有立法程序较多、流程复杂等形式上的原因，但同样不可忽视的还有立法思路未充分厘清、问题未全面梳理等实质性问题。

试举一例，在实质性问题中，最具先决意义的乃立法规范和调整的对象。如前所述，婴幼儿照护服务机构与托育机构并非同一概念，其内涵与外延也有所不同。《指导意见》指向的是婴幼儿照护服务机构，完全不提托育机构，这体现了其谨慎的态度。2019年制定的《托育机构设置标准（试行）》《托育机构管理规范（试行）》等规范性文件则聚焦托育机构，也较为谨慎地回避了婴幼儿照护服务机构的概念表述。然而，就地方层面而论，却不时混淆婴幼儿照护服务机构与托育机构。如《北京市人民政府办公厅关于促进3岁以下婴幼儿照护服务发展的实施意见》（京政办发〔2019〕26号）规定，无论是举办营利性还是非营利性婴幼儿照护服务机构，均应当在业务范围中注明“托育服务”字样，可见其是将婴幼儿照护服务与托育相等同。这也表明，婴幼儿照护服务立法的调整对象仍有待理论和实践进一步澄清。

2. 法律依据难寻

体系的缺位势必导致法律依据的缺失。在宪法层面，对婴幼儿照护服务立法依据的论证仍有待加强。有研究者主张根据宪法第四十六条、第四十九条确定儿童照顾的主体和内容，[①] 但前者是从受教育的权利和义务，以及从国家对儿童保护和发展的宽泛角度切入的，后者涉及的是家庭的抚养教育，共性在于教育的视角，而非专门的照护服务内容。因此，从国家对儿童的保护到为婴幼儿照护服务立法提供宪法支持，尚缺少一个有效的中介。在法律层面，虽然《中华人民共和国未成年人保护法》(2020 年 10 月修订)和《中华人民共和国母婴保健法》(2017 年 11 月修订)为婴幼儿照护服务立法提供了一些支撑，尤其是《未成年人保护法》有 7 处提及“婴幼儿照护服务机构”，对其安全制度、活动规范等有所规定，亦有些规范性文件在制定时明确表示以该法为依据之一，但其出发点毕竟仍是未成年人合法权益的保护，因而对婴幼儿照护服务活动无法予以全面系统的规定，对机构准入条件这样的核心问题也无法考虑。行政法规、部门规章当中有关婴幼儿照护服务的专门规定更是付之阙如。从宪法有关条款到法律、行政法规的欠缺，使得婴幼儿照护服务立法在权限划分、准入设置、责任设定等关键环节上屡屡遭遇限制。《行政许可法》《行政处罚法》《行政强制法》对设定权的严格规定使其几乎不可能在没有法律、行政法规依据的情况下采取许可、处罚等手段。

**(二)属性含糊导致权责划分不清**

前文曾指出理论和实践探索中对婴幼儿照护服务与托育服务存在一定程度的混淆，这属于婴幼儿照护服务概念内部的含混。在婴幼儿照护服务立法过程中，更具历史性和影响性的是其概念外部的混淆，即婴幼儿照护服务与学前教育混淆。二者的混淆模糊了婴幼儿照护服务的属性，导致与之相关的权责划分至今仍未明晰，而权责划分恰是所有立法在具体制度设计上首先要解决的问题，婴幼儿照护服务立法自然不能免俗。

1. 属性含糊

婴幼儿照护服务立法牵扯强化福利促进、提升人口素质、增加服务供

---

① 宪法第四十六条规定，“中华人民共和国公民有受教育的权利和义务。国家培养青年、少年、儿童在品德、智力、体质等方面全面发展。”第四十九条规定，“婚姻、家庭、母亲和儿童受国家的保护。夫妻双方有实行计划生育的义务。父母有抚养教育未成年子女的义务，成年子女有赡养扶助父母的义务。禁止破坏婚姻自由，禁止虐待老人、妇女和儿童。”胡敏洁教授认为可以以此作为学龄前儿童照顾政策的宪法基础。胡敏洁：《学龄前儿童照顾政策中的公私责任分配》，《北京行政学院学报》，2019 年第 2 期，第 78—79 页。

给等多个目标，每个目标还可以进一步细化，涉及性别平等、劳动力供给、儿童贫困等更为宽广的议题。在不同历史时期，婴幼儿照护服务的政策设计和实际运作也呈现出不同的目标偏好，这些来自不同时空背景的偏好内容叠加在当前立法选择中，自然会模糊婴幼儿照护服务的属性，学前教育向 0—3 岁婴幼儿阶段的延展加剧了这一现象。

诚然，从婴幼儿早期发展来看，照护与教育未必能够截然分开，如经济合作与发展组织(OECD)关注该问题的系列报告均是将儿童早期教育和照护作为统一主题，[①] 但我国当前婴幼儿照护服务立法所面临的紧要问题并非二者充分发展基础上的制度整合，而是前者能否真正明确自身的属性，确定其内容都包括哪些，从而摆脱"过度教育化"。换言之，正如有研究者明确指出的，"3 岁前婴幼儿淹没在学前儿童群体中，他们的早期教育受到重视，但社会化的日常照料却被忽视"。[②] 由此导致的结果就是该领域的权责划分不清，并集中表现为过去相当长时间内的规制部门难以真正确定。

2. 规制部门不明

新中国成立不久，以 3 岁为界分点将学龄前儿童照顾机构分为托儿所和幼儿园，并且确定分别由卫生部门和教育部门主管，但在后来的演变过程中，卫生部门逐渐聚焦在卫生保健这一事项，如原卫生部和教育部共同制定于 2010 年 11 月施行的《托儿所幼儿园卫生保健管理办法》，其弊端在于仅靠卫生保健无法统合婴幼儿照护服务的整个内容。教育部门则借助"早期教育"事项对有关机构实施规制，虽然个别地区如上海市明确规定由教育部门作为婴幼儿托育服务的牵头部门，但在国家层面对婴幼儿的早期教育事项仍然没有统一的制度设计，更没有借助"早期教育"来确立自身在婴幼儿照护服务领域的规制部门地位。对此，有研究者明确指出，主管部门缺失导致我国托育事业发展缓慢。[③] 也有研究者更进一步地总结概括为"缺乏统一、权威的主管部门"，进而呼吁确立一个机构来统合包括卫生健

---

① 从 2001 年到 2017 年，经济合作与发展组织(OECD)围绕儿童早期教育和照护，以"Starting Strong"为标题合计出版了 5 份报告，分别聚焦质量检测、质量工具等特定议题。

② 杨菊华：《论政府在托育服务体系供给侧改革中的职能定位》，《国家行政学院学报》，2018 年第 3 期，第 92 页。

③ 亓迪：《促进儿童发展：福利政策与服务模式》，北京：社会科学文献出版社，2018 年版，第 216 页。

康、教育等在内的各类资源，具体来说就是由地方基层政府作为“行动者和责任方”。[①] 该主张并非全无依据，如现行有效《未成年人保护法》第八条和第九条规定县级以上人民政府应当建立未成年人保护工作协调机制，采用包括统筹、协调、督促和指导在内的各种方式，促使有关部门履行好各自的未成年人保护工作，并将此类工作纳入有关规划、计划。该法第八十四条规定了各级人民政府的婴幼儿照护事业发展职责。[②]

但是，若仔细观察，这些条款并未针对具体规制措施，如许可、处罚等授予地方各级人民政府相应的职权，因此，地方各级人民政府无法采取此类措施，自然难以成为主管部门。事实上，从该法第一百一十九条来看，在婴幼儿照护服务机构发生的侵权违法行为，执法部门乃是教育部门或其他有关部门。[③] 就行政组织法而论，根据 2022 年 3 月的《中华人民共和国地方各级人民代表大会和地方各级人民政府组织法》的规定，地方各级人民政府“管理本行政区域内的经济、教育、科学、文化、卫生、体育事业、环境和资源保护、城乡建设事业和财政、民政、公安、民族事务、司法行政、监察、计划生育等行政工作”，但这并不意味着其为这些领域的规制部门。事实上，一级人民政府主要扮演的是统筹、领导角色，在通常情况下也很难成为某个领域的规制部门，实施执法活动。

综上可见，婴幼儿照护服务本身的复杂性乃至模糊性导致权限划分仍有待进一步厘清，尤其是规制部门有待科学确定，否则，相关立法对卫生、教育等部门的权责界定难免失去历史基础和操作可行性。

### (三)对象多样导致立法统合困难

立法需要明确特定的规范对象，当前婴幼儿照护服务立法面临的第三个问题是对象多样化导致的统合困难。《指导意见》明确提出要“规范发展

---

① 刘中一：《我国托育服务管理职责体系建设——兼论托育服务行政主管部门的确立》，《行政管理改革》，2019 年第 2 期，第 14 页。

② 2020 年 10 月修订的《中华人民共和国未成年人保护法》第八条　县级以上人民政府应当将未成年人保护工作纳入国民经济和社会发展规划，相关经费纳入本级政府预算。该法第九条规定，县级以上人民政府应当建立未成年人保护工作协调机制，统筹、协调、督促和指导有关部门在各自职责范围内做好未成年人保护工作。协调机制具体工作由县级以上人民政府民政部门承担，省级人民政府也可以根据本地实际情况确定由其他有关部门承担。

③ 《未成年人保护法》第一百一十九条　学校、幼儿园、婴幼儿照护服务等机构及其教职员工违反本法第二十七条、第二十八条、第三十九条规定的，由公安、教育、卫生健康、市场监督管理等部门按照职责分工责令改正；拒不改正或者情节严重的，对直接负责的主管人员和其他直接责任人员依法给予处分。

多种形式的婴幼儿照护服务机构”，实践中，根据划分依据的不同，婴幼儿照护服务机构可能呈现出多种类型齐头并进的发展态势。以是否营利为标准区分，婴幼儿照护服务机构可以分为营利性与非营利性；以是否具有福利属性为标准区分，可以分为福利性与非福利性，前者往往表现为用人单位为本单位职工提供照护服务，因此同时兼具婴幼儿照护服务机构色彩；以提供服务的时间为标准区分，可以分为全日托、半日托、计时托、临时托等；以提供服务的形态为标准区分，可以分为咨询类、辅助类和托育类，其中，托育类又可以进一步区分为机构托育和家庭托育。

不同类型的婴幼儿照护服务机构通常需要对应不同的规范和调整规则，这些规则如何以科学、合理、融通的方式在婴幼儿照护服务立法体系中各就其位和各司其职，将直接考验立法的理论深度和实践关照，也将直接影响婴幼儿照护服务供给体系的发展。具体来说，立法统合的困难主要表现在以下两点：

1. 规制体制的设置难统合

《指导意见》采取登记机关和备案机关分置的方式来构筑规制体制的基础，即有关机构要开展婴幼儿照护服务，应当先根据自身类型寻找对应的登记机关，如非营利性机构应向机构编制部门或民政部门办理注册登记，营利性机构应向市场监管部门办理注册登记，而后到卫生健康部门办理备案。该分置逻辑其实是以独立式公共托育机构为对象模型所搭建起来的，典型体现在2019年12月施行的《托育机构登记和备案办法(试行)》当中。该办法的制定主体包括国家卫生健康委办公厅、中央编办综合局、民政部办公厅、市场监管总局办公厅四家，其第三条规定，“举办托育机构的，应当按照本办法规定办理登记和备案”，这表明要提供公共托育服务，应先完成登记再办理备案。但问题在于，有些类型的婴幼儿照护服务机构显然不适合该规制逻辑，如用人单位为其职工提供福利性的婴幼儿照护服务，不应要求其先向某个部门登记再向卫生健康部门备案。即便这些用人单位向附近居民开放服务，但要求其先登记后备案的规制体制仍然显得叠床架屋，徒增成本。再如家庭托育，虽然同属于托育类婴幼儿照护服务，但是，其服务组织形态有着较大不同，通常表现为一名从业人员在自己家中照护少量婴幼儿。因此，要求其先以机构形式登记随后再备案也不现实。

2. 服务内容标准难统合

婴幼儿照护服务以“照护”为基本内容，但是，照护的表现形式是多样的，不同家庭的需求也是多元的。最突出的体现就是，咨询类、辅助类和托育类服务指向的是不同的需求，咨询类服务主要是为家庭提供婴幼儿早期发展的知识、技能，侧重健康教育，并不直接照护婴幼儿。辅助类服务主要是为家庭照护婴幼儿提供行动帮助，虽然参与直接照护婴幼儿，但因为是入户活动，所以对场地设施并无要求。托育类服务则在服务内容标准上最为完整，从卫生保健、场地设施到安全管理等都需要相应的标准。此外，不同的定位也会影响服务的内容标准，如非营利性的社区机构与规模化的营利性机构显然在服务内容上有所不同，全日制与临时性托育也可能有不同的服务内容要求，对此，婴幼儿照护服务立法可能有两种倾向：一种是不顾其差异性而盲目统合服务内容标准，另一种是为了立法方便而回避统合对照护服务内容标准的要求。前者将扭曲性地放大标准的弊端，抬高部分婴幼儿照护服务机构的合规门槛，可能造成规模化机构的垄断，形成既得利益团体，排斥后加入行业、较小规模的服务提供者，[①] 甚至会消灭某些类型的婴幼儿照护服务机构；后者很可能将造成市场失灵，导致“规制真空”。

**(四)许可难设导致规制模式摇摆**

1. 许可难设及其原因

许可是重要的规制工具，围绕许可设置的规制模式是一种事前严格准入的模式，它往往也意味着政府干预力度较强和介入程度较深。近些年来，婴幼儿照护服务领域出现了诸如携程亲子园虐童等事件，此类事件极容易引发社会舆论的关注，这表明其更加容易产生“可得性启发”，使公众产生风险厌恶心理，这些心理将倾向于推动建立更为严格的规制模式。[②] 但是，当前婴幼儿照护服务立法却面临许可难设的局面。

从政策导向来看，为激发社会和市场主体的活力，继续推动服务型政府建设和“放管服”改革，国家层面不断地在减少行政许可项目数量，甚至

① [美]史蒂芬·布雷耶：《规制及其改革》，李洪雷等译，北京：北京大学出版社，2008 年版，第 171—173 页。

② [美]史蒂芬·布雷耶：《打破恶性循环：政府如何有效规制风险》，宋华琳译，北京：法律出版社，2009 年版，第 42—52 页。

是采取部门竞争的“锦标赛”方式，严格控制各个领域的许可数量。[①] 从2002年至今，国家层面已经取消2000余项许可，2013年以来更是有深化和常规化趋势。在该导向下，婴幼儿照护服务立法要选择许可这一规制工具来建立更为严格的规制模式，并找到合适的政策出发点，显然极为困难，这在一定程度上也体现了政策理性对公众风险认知的克制。

《立法法》《行政许可法》对许可设定权也采取了严格规范的立场。根据《立法法》的规定，没有上位法的依据，部门规章“不得设定减损公民、法人和其他组织权利或者增加其义务的规范，不得增加本部门的权力或者减少本部门的法定职责”，在婴幼儿照护服务领域设定许可意味着对公民、法人和其他组织从事相关服务行为的约束和限制，属于减损其权利，同时也是在增加本部门的权力，因此需要法律、行政法规等上位法的依据。然而，《行政许可法》在明确剥夺国务院各部门以规章形式设定许可权力的同时，也对作为上位法的法律法规设定许可的标准予以约束，[②] 与主张规制强度逐级上升的回应性规制理论相暗合。换言之，许可工具只有在市场竞争机制失效、政府事中事后监管失灵等情况下才应当被选用。如前所述，婴幼儿照护服务领域目前没有法律、行政法规等位阶较高的法律规范提供实施许可的依据，即便在规章层面也没有专门的行政立法，难以为设定许可提供制度经验支持。

2. 许可难设情境下的规制动力

许可难设使得婴幼儿照护服务领域的事前准入机制呈现出两股并行的规制动力。一股颇为吊诡的动力是将对许可工具的需求“嫁接”到学前教育领域，借助该领域较为完整的法律规范体系，由教育主管部门依法实施许可，以此来满足对婴幼儿照护服务机构施以严格规制的需求。如2016年11月修订的《北京市学前教育条例》便明确规定，“本条例所称学前教育机构是指幼儿园、托儿所以及其他对学龄前儿童实施教育的机构”，并要求

---

① 张力：《先证后核、消极许可与规制工具试验》，《中国行政管理》，2019年第5期，第45页。

② 《行政许可法》第十三条　本法第十二条所列事项，通过下列方式能够予以规范的，可以不设行政许可：

（一）公民、法人或者其他组织能够自主决定的；

（二）市场竞争机制能够有效调节的；

（三）行业组织或者中介机构能够自律管理的；

（四）行政机关采用事后监督等其他行政管理方式能够解决的。

其在符合条件的情况下，“应当到所在区教育行政部门办理登记注册”。在实践中，有不少服务机构为了避免身份不明带来的合法性风险，更是愿意通过学前教育领域的许可机制获得教育机构的身份。

另一股动力则是尝试使用行政备案作为替代性的准入手段，行政备案的制度内核是为了帮助规制部门尽可能全面地掌握规制对象的各类信息，以便于开展后续的事中事后监管。随着信息技术推进和信息规制理念的拓展，行政备案也附加了相关功能。规制部门可以在备案基础上建立信息公示和质量评估制度，为民众提供服务主体的信息，使信息流动起来，促使企业等有关主体注重自身声誉，以起到引导和规范其行为的效果。[①] 可见，以其为核心的规制模式相比于许可模式，政府干预色彩更为淡薄。在婴幼儿照护服务领域，卫生部门在选取行政备案作为规制工作时，一方面小心地避免其蜕变为许可式备案，另一方面又希望不仅利用其信息规制功能，而且还充分发挥其把控准入的作用，即要求有关机构在备案时提交场地证明、工作人员专业资格证明、卫生评价报告等材料，以确保其符合基本的场地、人员、卫生等条件。

两股规制动力的交织叠加揭示了婴幼儿照护服务立法在规制模式选定上的摇摆立场，对许可工具的渴望和对其替代性规制工具如备案效用的期待是并存的，甚至是并行不悖的，婴幼儿照护服务立法的体系化推进必须回应这一难题。

## 四、规制立法的基本路径

### (一)迈向体系化的依据和步骤

1. 重新审视宪法第四十六条和第四十九条

如前所述，从宪法第四十六条和第四十九条推导其作为儿童早期教育的依据有较为明确的概念指向，两个条款都有对“教育”的表述，但要以其为依据，构筑婴幼儿照护服务的法律体系，则需要寻找更为坚实的规范路径。

宪法第四十六条规定，国家培养儿童在品德、智力、体质等方面全面发展。第四十九条规定，儿童受国家的保护，禁止虐待儿童。前者可以被

① 吴元元：《信息基础、声誉机制与执法优化——食品安全治理的新视野》，《中国社会科学》，2012年第6期，第121—122页。

称为全面发展条款，后者属于儿童保护条款。若要以这两个条款为底座搭建婴幼儿照护服务法律体系，需要在内涵和规范上予以考量。

就内涵而论，婴幼儿照护服务立法主要是为了促进婴幼儿的安全和健康，《指导意见》也要求其“促进婴幼儿在身体发育、动作、语言、认知、情感与社会性等方面的全面发展”，这表明其绝非教育主导。全面发展条款中的品德、智力、体质的发展在婴幼儿阶段即表现为社会性、语言认知和身体的发展，婴幼儿照护服务立法中对安全和健康的关注也与儿童保护条款有紧密联系，即通过法律体系的建立健全可以为婴幼儿提供更为充分的安全保护。

从规范考量，有一个较为棘手的问题是，如何理解宪法第四十六条和第四十九条的规范对象？如何推导出立法机关针对婴幼儿照护服务的立法义务？对此，如果单纯从消极防御权来理解此处儿童的权利，恐怕并不准确。因为从条文来看，这里的培养和保护主体是国家，即便是禁止虐待儿童，在相当程度上也并非指向禁止有权机关虐待儿童。更为准确的理解是这两个条文设置了基本权利的保护义务，即国家有义务积极主动地首先采取立法形式保护儿童的基本权利，防止其受到来自第三方的侵害，这里的第三方可以是提供婴幼儿照护服务的机构或个人。同时，立法机关还有义务根据情况的发展变化，不断改进和完善与之相关的法律体系。[①] 也有观点称之为宪法委托，即宪法仅规定原则性内容，但委托其他国家机关尤其是立法机关以更为具体特定的行为来实现自身内容，立法机关等国家机关并不享有无拘束的权力。[②] 遵循该理解，尤其是从不足禁止原则出发，在诸如携程亲子园虐童事件缺乏有效规范，民众对婴幼儿照护服务需求迫切，而婴幼儿照护服务有关法律法规完全缺位的情况下，宪法第四十六条和第四十九条实际上意味着立法机关等公权力机关有义务建立一个适合当前需要的婴幼儿照护服务法律体系。

2. 体系化的步骤

体系化的步骤与内容息息相关，若以幼儿园相关立法为参照，以宪法为依据，在婴幼儿照护服务法律规范体系当中势必需要一部综合性的法律

① 王锴：《婚姻、家庭的宪法保障——以我国宪法第 49 条为中心》，《法学评论》，2013 年第 2 期，第 8—9 页。

② 陈新民：《德国公法学基础理论(增订新版·上卷)》，北京：法律出版社，2010 年版，第 198 页。

或行政法规。在国家层面，在绝大多数情况下，唯有法律或行政法规才能为公民、法人或其他组织设定权利义务关系，设置包括许可在内的规制工具，也唯有法律或行政法规才能在横向上统合多个部门，在纵向上推动地方政府履行法定职责。若缺少一部综合性法律或行政法规作为婴幼儿照护服务领域的“小基本法”，仅靠部门规章在有些规制事项上难免显得乏力，也难以真正实现《指导意见》所说的“属地管理”。以综合性法律或行政法规为依据，可以根据规范调整对象的不同，如针对咨询类、辅助类和托育类婴幼儿照护服务机构，分别制定部门规章；也可以分别针对机构和人员制定相应的部门规章。各省级地方也可以据此制定适合本地区情况的地方性法规或地方政府规章，由此形成一个从中央到地方、分类规范的婴幼儿照护服务法律规范体系。

考虑法律或行政法规的制定一时难以提上日程，在体系化过程中，可以秉持如下两个步骤设计思路：一是从部门性立法到整全性立法，即在国家层面先以《未成年人保护法》和 2020 年 6 月施行的《中华人民共和国基本医疗卫生与健康促进法》等法律为依据，① 通过制定部门规章的方式进行探索，但该规章应当定位于对整个婴幼儿照护服务活动的规范，以便于进行经验积累，为将来采用法律或行政法规进行整全性立法做准备。在具体方式上，考虑到与婴幼儿照护服务有关的规制职责分布在教育、公安等多个部门，可以由国家卫生健康委牵头联合教育部、公安部等部门共同制定一部部门规章。二是从地方立法到中央立法，即参考借鉴南京市推动地方立法先行的做法，鼓励地方先行制定地方性法规或地方政府规章，将本地区原有的促进发展和规制服务的经验做法，尤其是对规制主体的组织形式、各类规制工具的配套使用等经验措施及时转化为立法，从而为将来国家层面的立法提供更为稳定的经验参考。

**(二)集中与分散相结合的权责配置**

婴幼儿照护服务领域的权责分散性是一个普遍性问题。经济合作与发展组织(OECD)报告曾指出，在美国联邦层面涉及儿童早期教育和照顾的 69 个项目分布在 9 个不同的行政部门；在爱尔兰，则有 7 个不同的行政部

---

① 现行《未成年人保护法》对婴幼儿照护服务机构提供照护服务的责任、地方政府及其有关部门的特定权责有少量规定，2020 年 6 月施行的《中华人民共和国基本医疗卫生与健康促进法》第四条规定“国家建立健康教育制度，保障公民获得健康教育的权利，提高公民的健康素养”，与婴幼儿照护服务中的为家庭提供科学养育指导等也有关联。

门与该领域相关。而且，越是将婴幼儿照护服务视作家庭私人责任的国家，其管理体制就越是碎片化，牵扯的部门也越多，[①] 这对我国婴幼儿照护服务的立法走向无疑是一个重要提醒，即在权责配置上的完全集中统一恐怕并不现实。

1. 集中的内涵

基于现实考虑，在权责配置上，我国婴幼儿照护服务立法应当采取集中与分散相结合的基本思路。这里的集中包括两层含义：一是将统筹促进婴幼儿照护服务发展的权责集中在一级政府，由其负责制定当地的统一政策，协调提供场地、减免租金等，将有关机构和设施需要使用的土地纳入规划和用地计划；同时也由其负责制定服务促进和监督管理所需的制度细则，为各部门的执法活动提供指南。但是，需要注意的是，这并不意味着只有地方政府承担相应责任，中央政府也承担全国范围内促进婴幼儿照护服务发展的责任，并行使有关权力。2020 年修订前的《未成年人保护法》第四十五条将发展托幼事业的权责交给“地方各级人民政府”，这不可避免地导致各地标准不一，影响婴幼儿照护事业的全面发展，甚至将导致某些地区因为财政经费等原因难以提供此类服务或是实施规制。修订后的《未成年人保护法》第八十四条删去了“地方”二字，要求各级政府承担起相应职责，该权责配置思路更为合理。

二是将实施规制的权责集中在卫生健康部门，一级政府本身并不适合实施规制活动。婴幼儿照护服务同时涵盖儿童福利、家庭发展、人口素质等多方面内容要素，具有独立属性，并且与健康概念更具亲缘性。因此，在婴幼儿照护服务领域，卫生健康部门较之教育部门，更有综合性优势，从健康角度着力能够更好地统合婴幼儿早期发展乃至人口素质提升目标，也能够避免对“教育过早过重”的担忧。2018 年 3 月，中共中央印发的《深化党和国家机构改革方案》组建国家卫生健康委员会，对相关职能予以了整合，以便于“推动实施健康中国战略，树立大卫生、大健康理念……为人民群众提供全方位全周期健康服务”；同年，新制定的《国家卫生健康委员会职能配置、内设机构和人员编制规定》也明确规定国家卫生健康委员会“为人民群众提供全方位全周期健康服务”，而婴幼儿照护服务恰恰是生命全周期服务的重要内容。据此，在婴幼儿照护服务法律体系中，应当以

---

① OECD, Starting Strong Ⅱ: Early Childhood Education and Care, 2016, p. 46.

卫生健康部门为主要规制部门，由其负责从事前准入到事中事后监管的全过程管理，行使包括日常检查、执法调查、处罚、备案等在内的一系列职权。无论是在国家还是地方层面，婴幼儿照护服务立法亦应当结合卫生健康部门的能力设置相关权责。值得注意的是，鉴于其内部也存在职责分散问题，与将实施规制的职责集中在卫生健康部门相同步，还应当在内部推进整合，将多个内部机构如妇幼健康、家庭发展机构涉及婴幼儿早期发展的职责统合起来。① 具体而言，既然婴幼儿照护服务立法的长远目标是构建一个门类齐备的法律体系，其与母婴保健立法是并行的两个规范体系，笔者认为相关职责可被统合到负责家庭发展的内设机构。

2. 分散状况下的协调

婴幼儿照护服务领域不可避免地也会涉及包括教育、安全、税收等在内的其他事项，这表明权责的分散在所难免，需要教育部门、市场监管部门、公安部门、税收部门等诸多部门的参与。面对该分散局面，为更好地强化各个部门之间的协同，可以在未来可能制定的法律或行政法规中明确规定设立相应的议事协调机构，也可以在暂时没有专门法律或行政法规授权的情况下，根据1997年8月施行的《国务院行政机构设置和编制管理条例》和2007年5月施行的《地方各级人民政府机构设置和编制管理条例》的规定，② 由各级人民政府设立，并由卫生健康部门作为具体办事部门。常规化议事协调机构的优势在于能够有效降低部门沟通的交易成本，并能够稳定获得更高层级组织权威性的支持。③

**(三)在分类基础上确立规制规则**

规制规则是婴幼儿照护服务法律体系中必不可少的内容，鉴于婴幼儿

---

① 佘宇、张冰子等：《适宜开端——构建0—3岁婴幼儿早期发展服务体系研究》，北京：中国发展出版社，2016年版，第24—25页。

② 1997年8月施行的《国务院行政机构设置和编制管理条例》第十条规定，“设立国务院议事协调机构，应当严格控制；可以交由现有机构承担职能的或者由现有机构进行协调可以解决问题的，不另设立议事协调机构。设立国务院议事协调机构，应当明确规定承担办事职能的具体工作部门；为处理一定时期内某项特定工作设立的议事协调机构，还应当明确规定其撤销的条件或者撤销的期限。”《地方各级人民政府机构设置和编制管理条例》第十一条规定，“地方各级人民政府设立议事协调机构，应当严格控制；可以交由现有机构承担职能的或者由现有机构进行协调可以解决问题的，不另设立议事协调机构。为办理一定时期内某项特定工作设立的议事协调机构，应当明确规定其撤销的条件和期限。”第十二条规定，“县级以上地方各级人民政府的议事协调机构不单独设立办事机构，具体工作由有关的行政机构承担。”

③ 胡业飞：《组织内协调机制选择与议事协调机构生存逻辑——一个组织理论的解释》，《公共管理学报》，2018年第3期，第31—33页。

照护服务的多样化以及民众对服务的多元化需求，应在分类基础上针对不同机构和从业人员确立相应的规制规则。

1. 规制强度的确定

规制强度的确定是规制规则设计的前提，当前学界对规制强度的研究较少，多集中在环境规制领域，且因对规制强度的测量存在很大困难致使其确定也面临不小困境。以环境规制为例，有研究者总结指出衡量强度的标准包括规制政策、治污投资在企业总成本或产值中的占比、治理污染设施运行费用、规制部门的监督检查频次、污染排放量等，[①] 也有研究者主张使用规制结果来衡量规制强度，[②] 可见，对规制强度的测量和确定是一个有待进一步讨论的问题。尽管如此，从现有研究中可以看到，被规制对象运营活动成本的增加与规制强度之间具有紧密联系，而其成本至少涉及事前达到准入条件的成本和接受主管机关事中事后监管的成本。放在婴幼儿照护服务语境中，就是提供照护服务的机构和从业人员为进入该领域的成本，以及在服务过程中承受的规制负担。通常情况下，成本负担的加重也意味着规制强度的上升。

有鉴于此，根据比例原则，在确定规制强度时，不应盲目采取“一刀切”，对所有类型的婴幼儿照护服务机构使用同样的规制强度，否则就有可能给某些对象科以过重负担。以咨询类、辅助类、托育类婴幼儿照护服务来划分，其风险系数、规模等不尽相同，托育类照护服务由于服务类型多、涉及人数多，风险相对较大，对其规制强度也应当相对上升，其运营活动时的成本也更大。在这里，以成本为视角，比例原则带来的第二个启示便是，被规制对象所承担的成本应有一定的限度，即对婴幼儿照护服务的规制是为了建立健全供给体系，若因规制强度过大而有损该目标，造成特定区域内照护服务缺位，这显然有违比例原则中的妥当性原则，也与均衡原则不符。

2. 规制规则的分化

对不同类型婴幼儿照护服务机构的规制强度不同，规制规则自然也会出现分化。与较高强度规制相对应的是事前和事中事后监管更为齐备严密

---

① 张成等：《环境规制强度和生产技术进步》，《经济研究》，2011 年第 2 期，第 118 页。

② 高志刚、尤济红：《环境规制强度与中国全要素能源效率研究》，《经济社会体制比较》，2015 年第 6 期，第 115—116 页。

的规制规则，反之，规制规则在内容上便主要倾向事中事后监管。

如前所述，托育类婴幼儿照护服务应接受较高强度规制，因此在规制规则上需要兼顾事前的准入措施和事中事后的处罚、信息公示等。在准入上，目前采取的先注册登记后备案规制体制强度较大，实际上应适用于规模化的公共托育机构。对于此类机构的事前准入，以比例原则为标尺，在充分整合学前教育许可的情况下，可以考虑以法律或行政法规的形式设置专属许可。而对于同属托育服务的家庭托育，要求其先以机构形式进行注册登记而后再备案，则有违比例原则，而应借鉴英国、丹麦、日本等国经验，围绕从业人员设计准入制度，[①] 如可采取针对服务者个人的直接备案机制，同时考虑设置专属许可。对于用人单位举办的托育点，也可以遵循该思路。在事中事后监管上，对于托育类婴幼儿照护服务，应当统一采取包括信息公示、信用管理在内的规则，建立日常性现场检查机制乃至督导制度，及时适用包括市场禁入在内的不利决定。

辅助类和咨询类婴幼儿照护服务在机构准入上无须设置专属许可，前者可以采取任意性备案机制，后者无须备案；在从业人员准入上，均可以采取任意性备案机制。在事中事后监管上，同样应当充分采取信息公示、信用管理等规则，建立对从业人员的“投诉—约谈”规则。

就服务标准而论，托育类婴幼儿照护服务因其承担相当程度的家庭照护功能，因此需要围绕婴幼儿早期发展提供包括人身安全、卫生保健、身心健康、社会化等在内的更多服务，并根据自身类型不同，达到科学合理的标准。简言之，服务内容应是相同的，但标准可以有所差异。与之相对照，辅助类和咨询类婴幼儿照护服务机构提供的服务内容、标准则有所不同，对场所设施、人员专业能力的要求也有差异。在建立规制规则时，对其用于服务的场所设施不应有特定要求，对人员专业能力也应适度放宽要求。

**(四)审慎确立规制工具箱**

1. 如何理解“审慎”

婴幼儿照护服务立法应以规制工具箱的确立作为法律责任落实的保障，婴幼儿照护服务虽然并非新生事物，但在当前却有三个方面需要特别考量：一是它并非对婴幼儿的简单“看管”或“课程教育”，而是综合了婴幼

---

① 刘中一：《家庭式托育的国际经验及其启示》，《人口与社会》，2017年第3期，第92—94页。

儿早期发展、家庭福利、人口政策等目标在内的“整全性公共服务”；二是相较于过往的托儿所形态存在多样化趋势，不仅服务内容多样化，而且提供服务的主体也是多样化的，尤其是市场主体占据相当比例；三是服务供给远小于社会需求，因此需要通过立法塑造有利于稳步增加供给的制度环境。这些方面在一定程度上折射出当前婴幼儿照护服务的“新”，因此应当采用审慎原则组建规制工具箱。

所谓审慎原则，学界对此有一定分歧，就规制新业态而论，有观点主张其应当置于包容审慎规制的语境中，与包容原则具有互补性和同时性，侧重政府主动塑造市场秩序和市场规则，体现了对底线规则的掌握；① 也有观点认为是指政府对新业态的规制要采取谨慎态度，充分衡量规制的得失利弊，而后再实施科学合理适当规制，具体内容包括辅助性原则、试验性原则、比例原则和科学性原则。② 笔者认为这两种观点并无本质矛盾，对规制工具的谨慎选择并不等于长期不选择或不改变对低效、无效工具的运用，而是在确保基本安全底线和避免行业生态被彻底毁坏的前提下，尽量减少对社会、市场主体的干预。在婴幼儿照护服务立法中，以审慎原则确立规制工具箱便是在不危害婴幼儿人身安全和基本健康的前提下，为正处于探索、恢复的婴幼儿照护服务活动设计一套从间接到直接、从引导到强制的规制工具。

2. 从间接到直接

对婴幼儿照护服务活动的规制应优先选用间接规制工具，此类工具通常表现为一种“三方关系”，即作为规制部门的卫生健康部门不直接作用于服务提供者，而是通过特定措施使得第三方如服务使用者以其行动对服务提供者产生影响。这里的特定措施既可能表现为指向特定对象的公共警告，也可能只是日常性的信息公示和披露，如使用平台系统里收集并披露婴幼儿照护服务机构和从业人员的特定信息，为家庭在选择相应服务时提供参考信息。为确保间接规制工具的有效性，应同步明确规定不同类型的婴幼儿照护服务的信息采集类型，如对公共托育机构，相关信息应包括静态方面的场地面积、设施种类、从业人员专业情况等，以及动态方面的日

① 刘乃梁：《包容审慎原则的竞争要义——以网约车监管为例》，《法学评论》，2019 年第 5 期，第 124 页。

② 张效羽：《行政法视野下互联网新业态包容审慎监管原则研究》，《电子政务》，2020 年第 8 期，第 72—73 页。

常检查信息、等级评定信息、违法记录等。对用人单位提供的托育服务，则应当包括有关负责人情况、从业人员与专业相关的信息等。在信息公示和披露上以必要性为准则，与服务内容和质量无关的信息不纳入其中，以免造成“信息过载”，使接受服务者因为信息过量而无法充分理解和作出准确判断。①

在间接规制不能单独发挥作用时，再转向寻求合适的直接规制工具，如增加日常检查频次、实施处罚、暂停补助资格、纳入“黑名单”进行联合惩戒乃至实施市场禁入等。需要注意的是，在评估和选用直接规制工具时，也应当秉持审慎原则，尤其是运用比例原则，优先选择干预程度较低的措施，根据规制目标的达成情况，直至采用市场禁入、处罚等措施。

3. 从引导到强制

在婴幼儿照护服务规制工具的选用上，从引导性工具到强制性工具的递进是遵循审慎原则的第二条逻辑规则，即面对婴幼儿照护服务的多样性，部分服务规范标准仍处于形成之中，供给远不能满足需求，且停止服务可能给接受服务的家庭带来较大麻烦，比如一定时间内难以找到替代者等，在规制工具箱的配置上，应当优先选用引导性工具，引导婴幼儿照护服务机构及其从业人员尽快达到安全、卫生保健等方面的规范标准。从行政给付角度，可以采取补贴奖励、税费减免与返还等手段引导有关机构或人员提高服务质量，或是采用类似于“消费券”的方式补贴家庭进而激活市场作用，同样也能起到引导服务提供者的作用。② 从行政干预角度，可以要求其以备案方式提供相关信息，甚至是确保其实际达到场地设施、安全管理方面的条件；也可以充分运用约谈工具进行劝导，并通过将约谈及其后续守规情况纳入信用档案的方式来强化引导。但是，正如有观点指出，约谈与信用规制相组合对大中型企业有强拘束力，对小微市场主体的拘束力则十分有限，③ 它对有些类型的婴幼儿照护服务提供者恐怕也会存在类似的作用局限，如小型托育机构以外的用人单位托育点、社区托育机构

---

① [美]欧姆瑞·本·沙哈尔、卡尔·E. 施耐德：《过犹不及——强制披露的失败》，陈晓芳译，北京：法律出版社，2015 年版，第 102—115 页。

② 谢郁：《普惠性托育服务如何供给？——托育供给制度的模式之辩》，《浙江社会科学》，2020 年第 7 期，第 35—36 页。

③ 卢超：《社会性规制中约谈工具的双重角色》，《法制与社会发展》，2019 年第 1 期，第 149—150 页。

等，这类服务提供者在一定程度上具有不可替代性。此时，应当考虑重新配置规制工具，如强制要求有关主体备案，违者予以处罚等。再如，对约谈无效，屡次违反相关规定的机构或个人可要求其返还补助、施以处罚乃至市场禁入等强制性手段，对特定人员予以处分等。

## 五、结语

婴幼儿照护服务并非新兴事物，也非如共享经济这样的新业态，它实际上始终游荡在国家、社会与家庭之间。受人口、劳动力、家庭乃至教育等政策的外部影响，婴幼儿照护服务在兴盛与衰败之间起伏。然而，不管处于哪个历史时期，也不管处于何种状态，婴幼儿照护服务领域都是一个“立法稀薄”地带。这当中既有属性不清、范畴模糊的缘故，也有人为忽视的原因。婴幼儿照护固然是以家庭为主，但不能将与之相关的服务完全定位为家庭自主寻找的市场服务。相反，这应是一种公共服务，婴幼儿照护服务立法也是针对一种特定类型公共服务的立法。在此认识基础上，可以进一步整合不同历史阶段、不同社会需求下的政策目标，明确规制部门和规制对象，确立规制工具，从宪法中找寻依据，先易后难地逐步搭建起一个适应当前阶段婴幼儿照护服务发展的法律规范体系，赋予相应规范标准法律拘束力，促进服务的良性供给，提高服务覆盖率，满足社会多样化需求。

# 结　论

从规制到规制法的方法论构筑，是一个充满各种不确定性的理论思考过程，也是一个不断面临各种困难的实践运用过程。规制理论及其实践并不拒绝法律的存在，也不排斥其发挥作用，但是，法律在规制的世界中，通常只是一种“要素和场景”。立法机关在设计规制制度时，是以法律规范为载体的。规制部门在思考是否要对规制对象实施规制活动，采取某种特定的规制工具时，也会想到法律的存在。不过，更加具有方法论意义的恐怕是经济分析方法，如市场是否真的失灵导致囤积居奇、定价攀升，这才是立法机关、规制部门设计和实施规制的出发点。因此，值得深思的一个问题是，以权利与义务、合法与违法等为基本代码的法律能给规制理论和实践带来什么？

本书的答案是能带来规制法。在越来越多的规制主体并非传统的公权力机关，越来越多的规制活动并非典型的强制性制度或工具时，规制理论及其实践也在面临一个巨大的挑战，即正当性挑战。无论是基于矫治市场失灵的经济性规制，还是追求特定社会价值的社会性规制，二者所能提供的正当性资源愈渐有限，其原因是在各种风险叠加、经济和社会关系复杂的规制世界中，人们开始更加希望寻找到确定的“锚定点”。特定的经济性规制措施是矫治了市场失灵，还是加剧了问题，又或者是毫无作用，这本身即充满争议。特定的社会性规制则可能引发不同群体之间的利益冲突，如职业卫生领域中，劳动者和雇主的利益冲突。规制法可以成为争议和冲突之外的“锚定点”，以合法性来补充正当性。基于这一原因，规制法不能停留在“要素和场景”意义的规制加法律层面，而是需要通过以下三个方面完成在方法论上的自我塑造：

第一，对接传统行政法学。传统行政法学以公民权利为方法论出发点，围绕行政行为构筑的方法论本身并未“终结”，“终结”的是只聚焦行政决定结果的狭窄视野。公民权利和国家义务构成了规制活动的起点，市场失灵等经济、社会问题必须借助公民权利和国家义务才能进入规制法的评价视野，如电子商务平台的垄断破坏了公平竞争权，基于宪法法律规定，国家有义务通过立法机关、规制部门阻断垄断。至于具体采取何种规制制度或工具，则是相关权利是否得到满足，义务是否得到履行的下一步问题。

第二，评价规制实践。规制实践远较规制法活跃，对于像我国这样政府职能仍处于转型期而在诸多领域又需要政府发挥作用的国家，则更是如此。在某些情况下，规制部门的规制实践具有“脱法化”倾向，要么规避自身作为完全规制主体的地位，如将部分规制活动交由规制对象实施，要么选择既有法律规范尚未完全予以定型化的规制措施。对此，规制法需要及时予以评价，将此类活动重新“入法化”。正是在将形形色色规制活动，无论是规制制度还是规制工具，不断“入法化”的过程中，规制法才能愈渐脱离规制理论。

第三，在具体领域检验。规制法的自我完善不是一蹴而就，也非理念上的若干步分析梳理就能完成的。它来源于具体领域针对特定事项的规制活动，如第五章描述的婴幼儿照护服务规制，因此，也需要在一个个具体领域经历检验，在特定事项所涉及的权利、义务、规制工具等事物上来回观察和反思。规制法不是过去对策式的立法分析，也不是只讲求授权的管理法，具体领域中的特定事项为规制法提供的是方法论检验的起点，而非终结检验的终点。

综上所述，规制法的理论构建尚处于起步阶段，其实践在未来仍有着很大的发展空间，并可能给理论带来新的视角和框架。这当中，既有通用的理论结构和实践做法，也有适用于我国的诸多探索，等待着研究者的发掘和思考。

# 后　　记

本书是自2013年以来，我对规制理论问题思考的一个阶段性小结。之所以以2013年为时间起点，是因为在那年，我正式走上教学和研究工作岗位，因为种种需要，不再能够那么“天马行空”地选择研究对象。规制理论问题的出现恰逢其时，如果再早几年，它很难成为我感兴趣的研究对象，其缘由是规制理论问题太具体和琐碎。乍一见，似乎所有的行政管理问题都可以放入其中，然后套上一个法律的外壳。而且，规制理论问题通常又会与一个具体领域，诸如环境保护、医疗卫生、食品安全等关联起来，需要对该领域有比较深入的了解。这些恰是2013年前的我不大愿意去做的。

2014年8月，我去河南郑州参加行政法学研究会的年会，在从住处到会场餐厅的摆渡车上，巧遇南开大学法学院的宋华琳教授。宋老师谈起耶鲁大学法学院杰瑞·马肖的近著 *Creating the Administrative Constitution: The Lost One Hundred Years of American Administrative Law*，后来中文译名为《创设行政宪制——被遗忘的美国行政法百年史(1787—1887)》，说已联系出版社拿到版权，正准备翻译，我也忍不住插嘴评论了几句。这本书是马肖教授已发表的若干篇文章系统化之后的新著，这些文章因为涉及美国建国前一百年国家能力建设和地方治理问题，涉及联邦和地方的早期关系，与我当时的研究方向有关，所以我在2011—2012年期间陆续仔细读过。当2012年上半年见到该书出版后，我还曾给作者发过邮件，询问授权翻译一事。记不得是马肖教授本人还是其助理回复说需要联系出版社，并发来出版社的联系方式。因为彼时我还在美国学习，尚未工作，也不知道如何联系国内出版社出面商讨版权事宜，这事就搁下了。因此，后来宋老师发消息询问是否愿意与他共同翻译此书，我毫不犹豫地就答应了。在翻译过程中，我发现了这本书的另一种阅读方法，即在特定的宪法框架下，如美国联邦成文宪法下，政府规制在金融、交通运输、退役军人保障等事项上是如何形成的，如何推动立法、设置规制部门、选择规制手段和设计责任。

这次翻译经历引起了我对规制理论问题的关注，逐渐完成了规制领域内重要文献的阅读，也开始留意卫生健康、市场监管、公共安全领域的规制法律实践。恰是在关注规制理论问题后，我也想明白一些以前不大明白的问题，比如美国行政法中为何会把通过协商方式制定部门规章也称之为reg-neg，即regulatory negotiation(可直译为规制式协商)等等。也恰是在关注规制理论问题之后，我开始想明白国内国外实践中一些政府部门的制度设计逻辑，这些可能是传统行政法学方法论不大能够解释的。

然而，新的问题出现了。众所周知，规制理论是一个"大杂烩"，不仅涉及众多学科，是经济学、政治学、法学等学科的交叉地带，研究角度各异，而且研究对象也十分丰富。其中，既可以分为规制模式、规制部门、规制工具等，也可以根据规制领域分为环境规制、金融规制、市场规制等。法学只是整个规制理论图景中的"一隅"，与经济学等学科相比，在方法论上远远难称自足，结合具体规制领域的研究又容易被简化为对策式的立法论分析。近五年来，这个问题始终萦绕在我心间，尤其是在看到传统行政法学方法论对现实当中不少规制实践问题无法进行充分回应，有不少行政机关的制度设计和行政活动逸脱于行政法治轨道之外时，更是感觉到规制理论可能会因此驻足不前，甚至遭遇诸如正当性不足等根本性挑战。在本书中，我尝试用"从规制到规制法"这么一个命题来表达前述理论忧虑，并希望与学界和实务界同仁共同思考和探索规制法的各种可能性，同时也希望在未来具体的规制制度设计中践行具有独立价值的规制法方法论，进而能够将现实中生动的中国行政法治实践纳入到理论思考中。

本书的一些章节原始构想或初稿曾在不同场合做过学术报告，依序分别为2014年10月中国政法大学中意环境行政法国际研讨会、2016年3月北京大学法学院博雅公法工作坊、2016年12月南开大学法学院"规制与公法"沙龙、2017年3月我国台湾地区"中央研究院"法律学研究所访问学人报告会、2017年浙江工商大学中国法学会行政法学研究会首届青年论坛暨政府规制专业委员会2017年年会"互联网规制与治理的法律问题"研讨会、2018年9月上海交通大学凯原法学院中国法学会行政法学研究会第四届青年论坛暨政府规制专业委员会2018年年会"合作规制与自我规制"研讨会、

2022 年 1 月华东政法大学公共卫生法治论坛，以及中国政法大学法学院行政法学研究所内部的“近作交流”工作坊。在有限的讨论交流时间里，业内同行们提出了许多宝贵精到的意见，帮助我在后续写作中完善了思路，有关“规制法”的一些想法也是在这个过程中逐渐形成的。本书一些章节内容此前曾在《行政法学研究》《中国行政管理》《求索》等杂志上发表，再次感谢编辑们的意见和建议。

中国政法大学行政法学科，尤其是法学院行政法学研究所的各位同事对我的有关规制理论和实践的学术研究提供了中肯的意见和建议。在持续不断的学术问题交流中，同事们坦诚直率又不失关爱的批评意见是刺激我不断回应的不竭动力。比如，本所的赵宏教授在一次内部讨论的工作坊上，曾“批评”我作为男性写作者，写婴幼儿照护服务规制文章的行文用语过于“冷冰冰”，这促使我在写作本书时不断回头看，尝试让规制法的“父爱主义”语调能够变得慈祥一些，可惜目前看效果还不是太好。

2020—2021 学年第二学期，成协中教授发起随后安排我与其合开的研究生课程“软法与规制”，督促我重新梳理了自己对于规制理论的思考，促使我把一直以来的“输入”不得不转变为“输出”，与选课的学生们共同探讨规制问题。这对我来说，其实是一次重要的系统化思考过程，感谢课堂上同学们的提问，让我不得不一直思考规制、规制法、行政法三者的基础性关系。2021 年 6 月到 2022 年 1 月，我带着自己指导的行政法研究生集中阅读《牛津规制手册》等规制理论和相关宪法、行政法文献，由于大家此前的学习经历几乎没有接触到规制理论和实践，因此同学们在那半年时间里经受了比较大的思维挑战，有许多理论和概念需要在背后做更多的检索和思考才能理解，而这些可能与传统行政法学知识和理论有着较大的差别，在这里需要感谢同学们的忍耐和持续思考。

最后要感谢出版社的编辑们，学术著作尤其是法学学术著作通常较为乏味，但是，你们的辛勤细致让本书得以顺利面世，为思想交流提供了可能。